見えない不祥事

北海道の警察官は、
ひき逃げしても
クビにならない

小笠原淳

LEADERS NOTE®

見えない不祥事――目次

第三章　警察特権「発表の指針」 *115*

序章

その不祥事は、誰も知らない

テントが飛んでいくんじゃないか――。そう思わせるほどの強風だった。

2016年10月、札幌市郊外の屋外競技場。制服姿の若い警察官たちが微動だにせず整列している。気温は10度に届くかどうか。身を切る風の勢いで、体感温度は1桁台の筈だ。紺色の一団に、しかし防寒着をまとう者は1人もいない。すぐそばに建つドーム型競技場に入れば寒さはしのげるだろう。だがその儀式は、屋外で行なわれなければならなかった。

「ただいまから巡閲を行ないます」

アナウンスに合わせて、黒塗りの車が姿を見せる。1台、2台、3台……。縦1列に並んでゆっくり走り出した、合計7台の車列。先頭から2台めはオープンカーだ。ひとり後部座席に立つ男性の制服に「警視監」の階級章が見える。北村博文・北海道警察本部長。職員1万2000人を束ねる北海道警察のトップは、車の進行方向に据えた目線を時おり隊列のほうに向け、白手袋に包まれた右手を何度か制帽の鍔に当てて敬礼した。

「北朝鮮みたいだな」

望遠レンズを構える私のすぐ後ろで、誰かの声。寒さに固まる指をカメラのシャッターに当てながら振り向くと、ともに60歳前後の男が2人、肩を縮めながら笑い合っていた。年に一度の「視閲式」にわざわざ足を運ぶ見物人は、おそらく多くが警察マニア、あるいは職員の身内・知人といったところだろう。どちらでもない私は、一般の見学席が設けられたテントの傍ら、カメラの焦点を本部長の顔に合わせ続ける。同じ被写体を、テント内の参加者たちも肉眼で、あるいはスマートフォンの小さなレンズで追っている筈だ。もう一度振り向くと、あの2人も私の肩すれすれまで首を伸ばして儀式に見入っていた。

ここにいる何人が、組織ぐるみの隠蔽を知っているだろう。ちょうど1年前——2015年の秋。道警はたび重なる不祥事で何度も新聞紙面を賑わせた。詐欺、文書偽造、文書毀棄、飲酒運転……。不祥事があきらかになるたびに幹部が謝罪し、再発防止を誓い続けた。北村本部長の前任・室城信之前本部長も議会で頭を下げている。

だが。

その裏では、同年だけでおよそ150件もの不祥事が道民の目から隠されていた。否、その後も隠され続けている。

警察署の巡査によるひき逃げ事件は、今に到るまで発表されていない。

警察学校巡査の万引き事件も、未だに発表されていない。

警察署巡査部長の強制わいせつも、やはり発表されていない。

警察本部巡査の賭博行為も、警察署巡査部長の暴行も、警部補の住居侵入も、巡査の横領も、暴行も器物損壊も速度違反も

ストーカー行為も、一切合財あかるみに出ていない。

見知らぬ2人が放った声は、とうに風にかき消されている。誰もここを「北朝鮮」などとは思っていない。ここは法治国家で、目の前に整列するのはみんな法の執行者だ。事件や事故を捜査し、容疑者を逮捕する。あるいは、未然に防ぐ。公共の安全を維持し、国民を犯罪から保護している。

そして、自分たちの組織を守っている。

テント席の前にブルーシートが敷かれ、青や黄色、オレンジ色などの帽子を被った小さな見物人の集団が現われた。地域の保育園か幼稚園の児童だろうか。寒さをものともせず嬌声を挙げて視閲式に見入る子供たちは、現職警察官による未成年への強制わいせつ事件を知らない。発表されていないからだ。

本部長の巡閲が終わった会場では、道警音楽隊のドリル演奏が始まっていた。強さを増す風の音に抗い、金管楽器の力強い演奏が響く。赤と白を基調とした制服で演技を続ける「カラーガード隊」の女性警察官たちは、男性警察官が犯した同僚女性への強姦未遂事件を、たぶん知らない。発表されていないからだ。

交通機動隊の白バイ訓練走行では、テント内から何度も喝采が起きた。隊員たちの高度な運転技術に見入り、スマートフォンで動画を撮影し続ける見学者たちは、警察官による交通違反や物損事故などが毎月のように起きていることを、おそらくほとんど知らない。発表されていないからだ。

全国各地で、折に触れて警察不祥事があかるみに出ている。発生直後に発表されることもあれば、何カ月も、何年も過ぎてから報告されることもある。それらはメディアを通じて広く伝わり、多くの場合で幹部職員が謝罪し、再発防止を誓う言葉を並べる。有識者や一般市民の批判の声が報じられることもある。不祥事に被害者がいるようなケースなら、当事者や家族が裁判に訴え出ることもある。

だがそれは飽くまで「発表された場合」の話だ。実際にはその何倍もの数の「見えない不祥事」があり、国民の目から隠され続けている。2017年8月現在、北海道では道職員の「懲戒処分」を原則全件公表しているが、警察職員のみは唯一それを逃れ、多くのケースを封印することが許されている。さらに、懲戒処分に至らない「監督上の措置」といわれる内部処理があり、この対象となる不祥事は懲戒の6倍から7倍に上っているが、これらに至ってはそもそも公表を想定されていない。日常的に事件・事故の容疑者や被害者の個人情報を発信している役所が、自分たちの不祥事に限っては頑なに発表を拒み続けているのだ。

本書の目的は、その事実を知らしめることにある。

予定よりやや早く、1時間15分ほどで視閲式は終わった。長時間の直立不動を強いられた若手警察官たちが、屋内競技場のトイレに行列をつくり始める。テントは最後まで、風に飛ばされなかった。

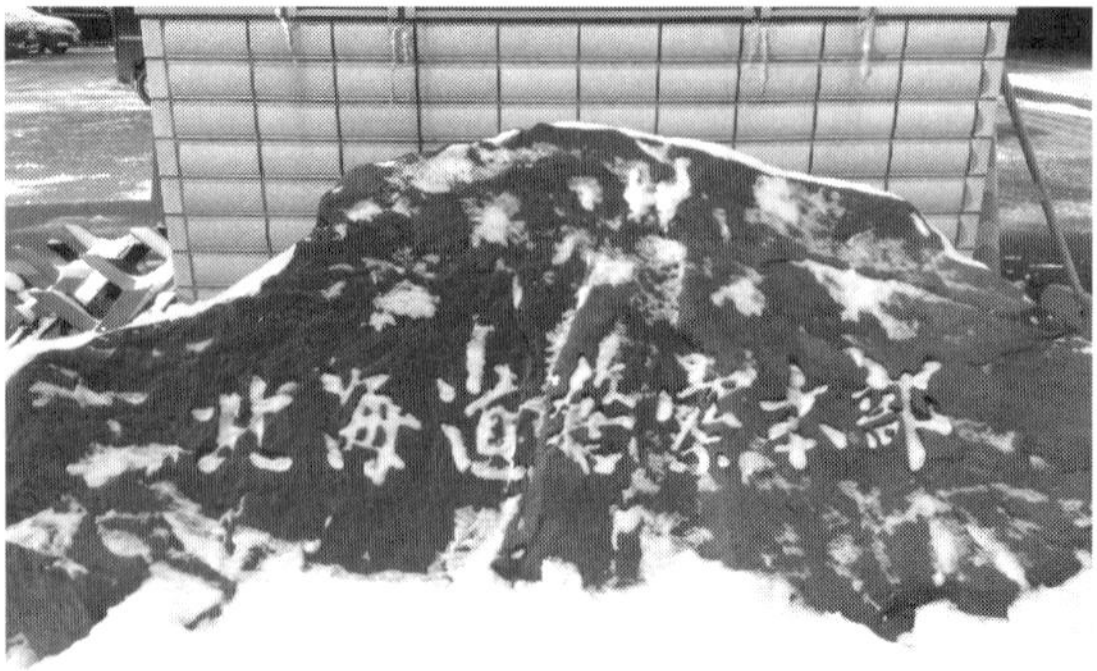
北海道警察本部

第一章

その秋、道警は「異常事態」だった

取材のきっかけは、未発表の「懲戒処分」を知ったことだった。不祥事を起こした職員へのペナルティである懲戒処分は、原則としてすべて発表されているのだろう——。そう思っていたが、そうではなかった。公文書開示請求により、北海道警察が公表していなかった懲戒処分の一覧を入手すると、そこには法令違反が疑われる不祥事が数多く記録されていたのだった。

◆公文書に記録された不祥事の数々

札幌市中央区のビル街に尻を据える、粗く削り出された岩。夏場には青緑に光っていた岩の表面が、その日はうっすら白みがかっていた。横書きで彫られた文字の凹みに正月の雪が積もり、「北海道警察本部」の標示を白抜きで浮かび上がらせている。

岩の銘板を足下に抱き、全面ほぼガラス張りの高層ビルが建つ。地上18階・地下3階の偉容は、札幌では珍しい。ビルは無表情で、すぐそばの北海道庁本館庁舎や道議会庁舎を見下ろし続けていた。

2016年の官庁御用始め。1月4日月曜日の朝、私はそこを訪ねた。

ゴム長靴の足で正面玄関に向かう。入口のわきに、1メートル以上はある棒を握って仁王立ちする警察官の姿。浅く会釈すると、相手も会釈を返してきた。玄関を抜けるや否や、右手に立つ若い警察官が滑舌よく「お疲れさまです」と声をかけてくる。私だけではなく、すべての訪問者を日がな同じ挨拶で迎えているのだ。その訪問者たちを左手の受付に誘導するのが、彼の仕事。受付カウンター内から「こんにちは」とユニゾンを響かせるのは、警察官ならぬ2人の若い女性たち。並んで掛ける2人に等しく、交互に視線を送りながら、私は「警察情報センターへ」と告げる。右側の1人が丸いバッヂを差し出し、服に付けるよう促してくる。赤地に白文字で「HP」と刷られたバッヂをシャツの胸に留め、1階ロビーを対角線上の反対側まで歩く。黄土色に変色したガラス窓の喫煙室の向こうが、目指す小部屋だ。

道警本部を訪ねる際には、必ずこの儀式を経なければならない。受付を経ずに入庁できるのは、そこに勤める警察職員と、限られた関係者のみ。雑誌の取材でこれまでにもそこを訪ねていた私は、広報課の職員に会うたびにこの関門を通過してきた。警察という役所では「広報」にさえそう簡単に辿り着けない。

その日訪ねた警察情報センターも、本来はすべての北海道民に窓口を開放していることになっている。センターの仕事は、道民の求めに応じて警察の持つ情報を提供することだ。その提供を申し入れることを「公文書開示請求」という。

金属製のドアを開けると、グレーのカーディガンを羽織った背の高い男性が待ち構えていた。

「おはようございますー」

屈託ない声に促され、窓口の椅子に掛けてから床に目を落とすと、ドアからの動線に沿って透明な足跡が残っていた。ゴム長靴の底についた雪が溶けて水になっていたらしい。

「はい。ではまず、枚数のほうをですね……」

奥の椅子に掛けていた上下黒スーツの小柄な女性が、ザラ紙の束を手に立ち上がる。文書開示の担当者である彼らはともに私服だが、そもそもこのビルでは交番の巡査のような制服は玄関先でしか見かけない。

「平成27年。1月が1枚ですね。2月も1枚、3月も……」

女性職員が、私の目の前で1枚ずつ紙を数え続ける。文書は全部で84枚あった。財布を持たない私はジーパンの前ポケットを探り、小銭を掻き出してトレーに載せる。1枚10円、84枚で８４０円のコピー手数料。領収証を受け取りながら傍らの紙束に目をやり、思わず声を漏らした。

「名前、全部隠れちゃってる」

一覧表の形をとった文書の束は、１枚残らず「一部不開示」の処理がなされていた。表面積の３分の１近くが真っ黒に塗り潰されている。

「そこは『決定通知』に書いてある通りの……」

胸の前で手を組みながら、他意のない口調で男性職員が答える。彼の言う通り、前年暮れに自宅に送られてきた『公文書一部開示決定通知書』には、確かに「開示しない部分」を示す説明文があった。

「わかりました。ありがとうございます」

それ以外の返事が出てこようもない。

小部屋を出てロビーを対角線上に抜け、再び受付へ。バッヂを返した時点で、まだ午前10時になっていなかった。

すぐそばに建つ北海道庁本館庁舎には、１階に喫茶コーナーがある。徒歩で3分ほどの距離だ。受け取ったばかりの紙の束を手に、そこを目指した。ゴム長靴の底に、また少しばかりの雪がへばりつく。

道庁のロビーにも、受付はある。だがそれはあくまで「案内」の窓口で、いちいち用件を告げたりバッヂを付けたりする必要はない。その受付の左側を抜けると、奥にドトールコーヒーのカウンター。１杯２５０円のカフェラテを註文し、道産木材が使われているという作りつけの卓に着いた。暖房が効いているのかどうかはっきりしない庁舎内で紙カップの中身を一口啜り、文書の束を拡げる。

手にした文書は、『懲戒処分一覧』という。道警の職員が起こした不祥事の数々を記録したものだ。Ａ４判の紙に、細かな横書きの文字がびっしり。一番上に重ねられた１枚、２０１５年１月から11月までの記録は、次のケースで始まっていた。

処分内容　不適切交際等事案／地方公務員法違反（守秘義務違反）をした。
処分年月日　H27．10．21
処分量定　免職
所属　警察署
階級　警部補

前年秋に起きた出来事。道警の警部補だった人が守秘義務を破り、つまりなんらかの捜査情報を誰かに漏らし、免職になったという。大きく報道され、私自身も道警に問い合わせを寄せた事件だから、記憶に新しい話だ。『一覧』では名前や生年月日を記した欄がべったり墨塗りされ、職場の警察署名も伏せられているが、どちらも新聞やテレビでとうに報じられていた。無論、私も知っている。

そのすぐ下にも、すでに報じられた事件の記録があった。警察署の巡査が落とし物の現金を騙し取って、免職。これも知っている。どこの署の何という巡査の事件なのかも報道によって周知の事実だが、やはり『一覧』では真っ黒に塗り潰されていた。

その次の行には、部下に供述調書の偽造を命じた警部補の停職処分。これもまた報道されている。その次は、公文書を廃棄して失踪した事務職員の停職処分。これも新聞記事になり、私も裁判を傍聴した。次いで、酒気帯び運転で出勤した巡査の停職処分。これはひときわ大きく報じられた。それから……。

カフェラテのカップに伸ばそうとしていた手が、寸前で止まった。

『一覧』の7行め。報道されていない不祥事が記録されていた。

処分内容　交通違反事案／救護等の措置を講じることなく、逃走した。
処分年月日　H27．1．28
処分量定　減給10／100　1月

所属　警察署
階級　巡査

交通違反をした巡査に、給料1割カットを1カ月。記録はそう語っている。「救護等の措置を講じることなく逃走」とは、平たく言えばひき逃げだ。警察官がひき逃げをして、「減給」処分を受けた。そういうことだ。

近視の私は眼鏡を外し、文書をほとんど顔にくっつけて凝視する。

「減給」「10／100」「1月」。何度見ても変わらない。

その事実は、どこにも公表されていなかった。つまり、文書を入手しない限り知ることができない情報だった。北海道警は、ひき逃げをした警察官を給料カットという軽い処分で済ませ、その処分を発表せず、そもそもひき逃げ事件自体を隠していた。

２０１５年、道警では22人の職員が懲戒処分を受けている。結論を言えば、その処分の半数以上が未発表だった。隠されていた不祥事の中には、万引きや強制わいせつ、住居侵入、速度違反などの犯罪も含まれている。もちろんひき逃げも犯罪だ。これらが外部に知られることなく、警察内部で封印されていた。文書に記録されただけで、まったくあかるみに出なかった。

それだけではない。

今、懲戒処分が22件あったと書いた。だが道警ではその年、懲戒処分にあたらなかった不祥事がさ

戒 処 分 一 覧

警察本部監察官室

	処分年月日	処分量定	所属	係	階級
	H27.10.21	免職	[redacted] 方面警察署	[redacted]	警部補
	H27.11.6	免職	[redacted] 方面警察署	[redacted]	巡査
	H27.12.18	免職	[redacted] 方面警察署	[redacted]	巡査長
診した。	H27.10.21	停職3月	[redacted] 方面警察署	[redacted]	警部補
	H27.10.21	停職6月	警察本部 [redacted]	[redacted]	[redacted] 職員
	H27.11.11	停職3月	[redacted] 方面警察署	[redacted]	巡査部長
	H27.1.28	減給10/100 1月	[redacted] 方面警察署	[redacted]	巡査
	H27.5.20	減給10/100 6月	[redacted] 方面警察署	[redacted]	巡査長
	H27.6.24	減給10/100 3月	[redacted] 方面警察署	[redacted]	巡査
	H27.6.24	減給10/100 1月	警察本部 [redacted]	[redacted]	巡査長
	H27.7.22	減給10/100 1月	警察学校 [redacted]	[redacted]	巡査
した。	H27.7.22	減給10/100 6月	[redacted] 方面警察署	[redacted]	巡査
	H27.7.22	減給10/100 3月	[redacted] 方面警察署	[redacted]	巡査部長
	H27.8.19	減給10/100 6月	[redacted] 方面警察署	[redacted]	警部
	H27.8.26	減給10/100 6月	[redacted] 方面警察署	[redacted]	巡査部長
	H27.9.16	減給 10/100 1月	[redacted] 方面警察署	[redacted]	警部補
	H27.11.27	減給10/100 1月	[redacted] 方面本部	[redacted]	警部補
どした。	H27.1.28	戒告	[redacted] 方面警察署	[redacted]	巡査
	H27.1.28	戒告	[redacted] 方面警察署	[redacted]	巡査部長
した。	H27.8.26	戒告	[redacted] 方面警察署	[redacted]	巡査
	H27.10.1	戒告	[redacted] 方面警察署	[redacted]	巡査
	H27.12.16	戒告	[redacted] 方面警察署	[redacted]	巡査長

懲戒処分者数22名【免職3名、停職3名、減給11名、戒告5名】

平　成　2

処分	番号	職員番号	氏名	生年月日	採用年月日	処分内容
免職	1	[redacted]				不適切交際等事案 地方公務員法違反（守秘義務違反）
	2					詐欺等事案 拾得物をだまし取るなどした。
	3					公文書取扱不適切事案 点数切符を虚偽作成し、行使した。
停職	1					不適正捜査事案 虚偽供述調書作成を部下に命じ、部外協力
	2					公文書取扱不適切等事案 公用文書を毀棄し失踪するなどした
	3					交通違反等事案 酒気を帯びた状態で私有車両を運
減給	1					交通違反事案 救護等の措置を講じることなく、逃走
	2					交通違反等事案 酒気を帯びた状態で私有車両を運
	3					勤務規律違反等事案 承認を得ることなく欠勤するなどした
	4					交通違反事案 車両を運転中、速度違反をした。
	5					窃盗等事案 小売店で商品を万引きした。
	6					北海道迷惑行為防止条例違反等事 撮影機能付き携帯電話機を使用し、卑
	7					交通違反等事案 車両を運転中、速度違反等をした。
	8					不適切異性交際等事案 異性と不適切な交際をするなどした。
	9					わいせつ関係事案 部外異性に対し、強制わいせつをし
	10					住居侵入等事案 部内異性方に侵入するなどした。
	11					公文書取扱不適切等事案 虚偽の公文書を作成し、行使等した
戒告	1					異性関係不適切等事案 部外の異性に対し、不安感を与える
	2					異性関係不適切等事案 部内職員に対し、不適切な言動をす
	3					有印公文書偽造等事案 公印を不正に押捺して証明書等を偽
	4					交通違反等事案 物件交通事故を起こしたが、申告を
	5					不適切異性交際等事案 異性と不適切な交際をするなどした。

らに141件あったことがわかったのだ。「監督上の措置」と言われるそれは、やはりほとんどが未発表だった。懲戒処分のひき逃げや強制わいせつなどと同じく、文書に記されただけだった。記録には犯罪が疑われるケースも含まれ、その中には懲戒のひき逃げとは別のひき逃げ事件も記されていた。先の巡査と同じようにひき逃げをし、「減給」よりもずっと軽い処分を受けた警察官が、もう1人いたわけだ。そして、2件とも発表されていなかったわけだ。

閑散とした道庁本館の1階。カフェラテを放置して文書に目を走らせていた時間は、ものの4、5分間ほどだった。公文書開示請求で入手した無愛想な書類の束は、脳内で派手な見出しのついた記事に変わり始めていた。

私は地元の『北方ジャーナル』という月刊誌に毎月、数本の記事を寄せている。雑誌の名は、弁護士などの司法関係者ならばよく知っている筈だ。誌名をインターネットで検索すれば、1979年の「北方ジャーナル事件」がヒットする。すでに「歴史上の雑誌」だと思っている人は割と多いようだが、同誌は現在も途切れず発行され続けている。発売は毎月15日前後。文書を入手した時点で、次号の締め切りまでに若干の時間的余裕があった。

とはいえ「記事」には原則「取材」がつきものだ。だが私は、未発表不祥事についてこれといった取材をしていない。道警に文書開示を求め、条例に従って開示された物を受け取っただけだ。

それを結果として記事にしたのは、「隠すこと」自体がニュースだと判断したためだ。役所が隠していた事実をあかるみに出すことには、たぶん意味がある。

本書のもとになった連載は、そのようにして始まった。

◆「今度は警官か」

文書を入手した日から、3カ月ほど溯る。

その日、2015年の10月17日は土曜だったが、私は午前7時過ぎには『北方ジャーナル』編集部リ・スタジオの前に自転車を停め、重いシャッターを開けていた。

札幌といえば「碁盤の目」に整えられた街並み。碁盤のマスに与えられる住所は、市街を東西に延びる「大通公園」と、南北に流れる「創成川」とを基点に定められている。たとえば道警本部の住所は中央区北2条西7丁目で、これは大通公園から北に2ブロック、創成川から西に7ブロックの地点を示すわけだ。碁盤は市内の区境を超え、東西では東区の東30丁目から中央区の西30丁目まで、南北では南区の南39条から東区の北51条まで広がる。北9条東6丁目にある私の自宅から見て、北22条東15丁目のリ・スタジオは北東に2キロほどの距離。起伏のない道のりを自転車で走ると、ゆっくりペダルを漕いでも20分ほどで辿り着く。私の愛車はいわゆる「ママチャリ」で、大きな前カゴにはA5判の取材ノートや資料、型落ちの一眼レフカメラなどが詰まった鞄がうまいこと納まる。その年の札幌は夏にあまり気温が上がらなかったせいか、秋の訪れがやや早かった。朝の風は冷たく、ハンドルを握る手の感覚が薄れてくるほどだ。

辿り着いた誰もいない編集部でポットの湯を沸かし、その間に外の郵便受けを覗きに行く。地元紙『北海道新聞』の朝刊を手に、身を縮めながら屋内へ戻ってざっと紙面を見渡す。自宅では全国紙しか購読しないことにしているので、『道新』はここに来ないと読めないのだ。

社会面をめくると、次のような見出しが目に留まった。

拾得物システム悪用「自分が落とした金」
道警巡査を逮捕　詐欺容疑

札幌中央署に勤める22歳の男性巡査が、落とし物の現金を騙し取って逮捕されたという。記事の末尾には、当時の監察官室長・白井弘光氏の謝罪コメントが載っていた。監察官室といえば、警察職員の不祥事を調べる部署だ。そこのトップが公式なコメントで謝罪するのはそう頻繁にあることではない。

記事には、逮捕された巡査自身の言葉も盛り込まれていた。「パチンコなどで借金があり、返済に困っていた」という。のちに改めて取材することになるその事件は、新聞を読んだ時点では、ギャンブルに狂った1人の悪徳警察官が内部のシステムを悪用してお金を騙し取るという、いかにも悪質な犯罪だった。道民の落とし物を平気でかすめ取るズル賢い知能犯のイメージが、脳内に浮かび上がった。

ふと思い立って朝刊から顔を上げ、編集部内のラックから『北方ジャーナル』のバックナンバーを

1冊引き抜く。1カ月前に発売された２０１５年10月号。巻頭に私の署名記事が載っている。

「人質司法」に例外ありや
早期釈放　2つのケースから考える

その年8月、札幌地方検察庁に勤める28歳の男性検事が痴漢で逮捕された。出身地の横浜に帰省中、電車で隣り合わせた若い女性が居眠りしていたのをよいことに、長時間にわたって身体を触り続けたのだという。捕まった検事が逮捕翌日に釈放されていたことを知り、私は取材を始めた。

現地の横浜地方検察庁は、裁判所に「勾留請求」をしていた。容疑者となった検事の身柄を、逮捕後も拘束し続けるべきだと判断したのだ。ところが裁判所はそれを却下したという。理由は「逃走及び証拠隠滅のおそれがないため」。実際のところ、痴漢などは容疑を認めれば早期釈放されることが多い。だがその検事は「酔っていて記憶がない」と、容疑を認めていなかった。そもそも、逃亡や証拠隠滅のおそれが「ある」とか「ない」とか判断する根拠はどこにあるのか。

検事を逮捕した神奈川県警や横浜地検は、取材に応じなかった。私が「記者クラブ」加盟記者ではないからだ。当地の「記者クラブ」に連絡をとると、電話口に出た若い新聞記者がきっぱり「一切協力できない」と答えた。札幌で知り合った新聞記者がたまたま神奈川に異動していたのを思い出し、連絡をとってあれこれ相談に乗って貰ったものの、彼の所にも詳細な情報は届いていなかった。

こういう時、私は情報公開制度を使うことにしている。

神奈川県警の担当窓口に文書開示請求書を郵送すると、ほどなくして「部分開示決定」が出た。「写しの送付」を希望し、コピー代ぶんの郵便為替を送る。折り返し送られてきた『事件指揮簿』などを精読した結果、裁判所の勾留請求却下が事実であることを確認できた。犯行の日時や場所、逮捕した署や捜査の経緯もわかった。身元引受人になった弁護士の名前まで載っていた。それらの情報をもとに原稿をまとめ、札幌地検のナンバー2たる次席検事のコメントなども添えて、私は5ページの記事にした。地検の次席検事とやり取りできたのは、民主党政権時代の2010年6月に各地の検察庁が「記者会見オープン化」に踏み切ったことによる。「記者クラブ」に加盟していない雑誌やフリーの記者も、地検ナンバー2の定例会見に参加できるようになったのだ。あらゆる会見からクラブ非加盟者を締め出し続ける警察に較べると、検察の対応はいくぶん公平といえる。

痴漢事件の記事は、結果として2カ月連続掲載となった。1度めの記事を載せた後、容疑者である検事の起訴猶予処分が決まったのだ。つまり、お咎めなし。当の検事は不起訴が決まる4日前に「停職2カ月」の懲戒処分を受け、その日のうちに辞職していた。それらのいきさつを、横浜地検の勾留却下率（2014年で2・12%）なども添えて2度めの記事にまとめたのだった。

落とし物の現金を騙し取った警察官の新聞記事に触れたのは、痴漢検事の2度めの記事が載った雑誌の発売2日後のことだった。

その時点ではまだ、私の関心は「今度は警察の不祥事か」という程度に過ぎない。すぐに新聞を畳み、前日にホームレス支援団体の集まりで撮った写真を整理し始めたころには、もう事件のことを忘れていた。午後には自転車で高齢女性の万引き事件の関係者宅を訪ね回り、それにもすぐに飽きて自宅近くの銭湯でひと風呂浴びた。陽の高いうちに帰宅し、缶ビールとウィスキーで泥酔してカミさんに叱られ、どうということもない一日が暮れた。

◆「再発防止」誓った直後に

2日後。

私はほとんど新聞に目を通すことなく、19歳の女の子が義母を刺した殺人未遂事件の周辺を歩き回っていた。「そろそろ自転車移動が厳しい季節になるな」と考えつつ、郊外の風を受けながら幅広い歩道を徐行する。積雪寒冷地の札幌は冬の雪で道幅が狭くなるためか、公道が広めに整備されている所が多く、歩道の幅が車道1車線ぶんより広くとられていることも珍しくない。行政庁や商業施設の建物がひしめく中心部とはまた違う街外れの澄んだ空気を吸い、時おりトンビの声が響く高い空を見上げながら、人も車も少ない道でペダルを漕ぎ続けた。

午後になって週末の新聞記事を思い出したきっかけが何だったのかは、よく憶えていない。おそらくは殺人未遂の件で道警に問い合わせを寄せる際、単なる備忘のような目的でついでに訊いてみたのだろう。

道警の代表番号をプッシュすると、1コールも経ずに交換の女性の声。広報課の内線番号を告げ、電話口に出た鷹揚な声の男性職員に用件を伝える。

「えーと、『報道メモ』の読み上げをお願いしたいんですが」

「はあはあ。何の件でしたか」

事件や事故が起きると、北海道警は『報道メモ』という文書を作って「記者クラブ」に配布する。発生日時や場所、具体的な内容などを記した広報資料だ。報道各社はそれをもとに取材にとりかかり、場合によっては関係者の個人情報などをそのまま報じることになる。

たとえば「札幌東署は18日、強制わいせつの疑いで札幌市東区北9東6、自称ライター小笠原淳容疑者（48）を逮捕した」という書き出しの記事があったとする。この場合、記事のほぼ全文が『報道メモ』由来の情報だ。次いで「逮捕容疑は17日午後11時ごろ、同北区の路上で東区の無職女性（92）の下半身を触った疑い」などと書いてあれば、これも『メモ』情報。さらに続けて「同容疑者は調べに対し『下着には触ったが体は触っていない』と、容疑を認めていないという」などとあれば、ここでようやく独自取材による情報が発信されたことになる。

毎月600枚以上、平均して1日20枚のペースで作られる『メモ』は、私のような〝自称記者〟には決して提供されない。それこそ情報公開制度を使って入手できなくはないのだが、それをやると半月以上の時間がかかってしまう。つまり「記者クラブ」以外の人間は、リアルタイムで事件や事故の一次情報に触れることができない。

しかしこの『メモ』、口頭での読み上げには対応して貰えることになっているのだ。道警本部の広報課にそれを求めると、電話1本で『メモ』の全文を音読して貰うことができる。もとの紙をくれたほうが早いのではと何度もかけ合ったが、なぜかそれは決して認められないのだった。

「えーとこれ、東区で、19歳の女の子がお母さんを……」

「あ。サツミ（殺人未遂）の件ですね」

「それです。あともう1個、中央署のお巡りさんが、えー拾得物を……」

「ああ。はい。こないだのあの、逮捕事案」

「ええ。その2つを」

「わかりました。したらあの、確認してですね、折り返しでよろしいですか」

さほど間をおかず、広報担当者から折り返しの電話が鳴る。すでに新聞報道されている話題だ。「確認」作業に時間がかかる筈もない。

「いいですか。えー、とうがいしょくいんは、てん、いしつしゃをよそおい……。遺失物の『遺失』に『者』ですね」

「はいはい。『当該職員は、遺失者を装い……』」

伝えられた内容は実のところ、すでに『北海道新聞』で読んでいた情報とほとんど同じものだった。その後、念のため監察官室長のコメントも読み上げて貰い、新聞・テレビが抜粋して伝えたコメントの全文を知ることができた。

再び広報と似たようなやり取りをすることになるとは、この時はまったく想像していない。だがその日は割と早く訪れた。

3日後の『道新』朝刊。黒地に白抜き文字の迫力ある見出しが社会面に躍っていた。

暴力団捜査情報漏えい
道警警部補を書類送検 守秘義務違反容疑
逮捕日など教える 懲戒免

また警察不祥事だ。眼鏡を外して紙面に目を凝らすと、同じページにもう1つ、小さな記事が載っていた。

交通部職員が相談書類裁断 停職処分

一日に2度。しかも「前回」の5日後。

監察官室がまたコメントを出していた。守秘義務違反のほうだ。白井弘光室長が「警察官としてあるまじき行為で、再発防止に努める」と言っている。懲戒処分となった警部補は、書類送検されたようだ。

そこで、活字を追っていた目が止まった。

書類送検。つまり、身柄を拘束していない。逮捕していない。

理由は記事に書いてあった。「逃亡のおそれがないため逮捕しなかった」と。痴漢をした検察官と同じだ。検事や刑事は、とにかく逃亡しない人たちということになっているらしい。

拡げた新聞紙の上に肱をつき、顎の下に手をあてる。その手で顎に伸びる無精鬚を撫で回しながら、もう一度ゆっくり読んでみた。

新聞は、記事の主役を「50代の男性警部補」と書いている。氏名や年齢が発表されなかったということだ。前回の巡査は名前も歳も公表されていた。今回それらを伏せたのは、当人が書類送検となったため、つまり逮捕されなかったためらしい。言うまでもなく、逮捕しないことを決めたのは警察自身だ。

まだ午前9時になっていなかったと思う。発作的に受話器を掴んで道警の代表電話を鳴らし、広報担当へ繋いで貰った。

「あの、新聞に出てる不祥事の『メモ』と、監察官室コメントを……」

「あ、こないだも別のやつ、あれしてましたね。ちょっと確認してみます」

いったん電話を切り、A5判のノートをめくる。あった。つい先日発表されたばかりの監察官室長コメント。「道民の皆様に深くお詫びを」「今後一層、職員に対する指導や業務管理を」「再発防止に努めるとともに」……。そう、この時すでに監察官室は「再発防止」と言っている。そこから5日間、道警は何をどう「努め」たのか。

30分後に電話が鳴り、前日付の『メモ』とともに2回めの監察官室コメントが読み上げられた。新聞の通り、また「再発防止」と言っている。「厳正に処分を」というのは、懲戒処分の免職のことか。では、書類送検の判断は。

「以上ですね」

「えっ」

『メモ』は、書類送検には触れていなかった。つまり、送検の事実は発表されていなかった。

道警広報との電話をフックで切り、札幌地検の番号をプッシュする。電話口に出た広報官はしかし、凛とした声で「こちらではお伝えできません」と言い切った。ということは、送検の情報は新聞記者の「独自取材」という建前か。警察同様、検察にも「司法記者クラブ」という取材拠点があるが、やはり雑誌は加盟していない。間接情報になってしまうが、この際「クラブ」の誰かに当たる手はあるかもしれない。

そこで、受話器を持つ手が止まった。

手元のノートに目を落とす。

たった今書き留めた監察官室長コメント。だが別のページをめくると、継続中の取材にかかわるメモがいくつも書きつけられていた。

累犯高齢者の問題。万引きで捕まった高齢女性の隣人たちは、何度も訪ねる私を嫌がらず迎えてくれた。かつて仲がよかったという知人を捜しあてたら、長いこと続けた喫茶店を畳む直前だというのに時間を割いて語ってくれた。長年にわたって理事と教員の対立が続く私大の話では、学生説明会の開催が決まった顛末を記事にまとめることになっていた。19歳少女の殺人未遂は、書き出しを実父のひと言からと決めている。その少し後に起きた別の殺人事件では、被害者の母親と電話・メールが繋がったばかりだった。

右手に持っていたノック式の4色ボールペンを、人差し指で弾いて手の上で回転させる。「ペン回し」というやつだ。中学生のころ身につけた癖は50歳に手が届く今も抜けきらず、放っておくとペンはいつまでも回り続けている。

30回転ほどでペンを置き、椅子の背もたれに体重を預けながら再びノートをめくった。

空いた左手で電話の受話器を取り、万引き老女の知人女性の番号を押す。「今日また伺っていいですか」「午後だったらいるわ」「お昼過ぎとかは」「2時ごろにして」――。電話を切り、編集部の玄関先にある喫煙所へ向かう。ショートピースを一日平均50本ほど灰にする私にしては、一服の間隔が空き過ぎたようだ。根元まで喫い終えるころにはもう、若い巡査や年齢不詳の警部補のことなどすっかり忘れていた。

忘れていた筈だった、翌日までは。

あくる日午後、道警本部の警察情報センターを訪ねた。少し前に道東の遠軽町で起きた交通事故の『事件指揮簿』などを開示請求しており、その一部開示決定が出たと連絡を受けたので、文書を受け取りに行ったのだ。

その開示手続きの場で、ふと口をついて出た。

「あの、こないだ立て続けに3件起きた不祥事ありますよね」

警察官とやり取りしたことで、忘れた筈の不祥事を思い出したのかもしれない。私はその場で、3件すべての『事件指揮簿』などを開示請求できないかと相談を寄せた。その時は「文書があるかどうか確認してみます」との返答を得ただけだったが、それで充分だ。とりあえず、記録を手に入れて事実を把握しておくことはできる。それでもなお関心が消えなかったら、その時点でまた考えればよいことだ。

私は再び、継続中の取材に戻ることになった。雑誌の締め切りはまたたく間に近づき、3件の不祥事は自然と記憶から遠ざかっていくことになる。

◆訪れた「異常事態」

毎月7日前後に最終締め切りを迎える月刊『北方ジャーナル』。その後しばらくは編集者もライターも原稿に追われることがなく、割と穏やかな日々になる。原則として年中穏やかな私にとっても、締め切り明けの解放感はひとしおだ。4日ぶりに帰った自宅でひと風呂浴び、冷凍保存しておいた生ラムジンギスカンを焼く。3、4杯のハイボールで泥酔し、5杯め以降は記憶なし。カミさんに叱られたかどうかも憶えていない。

一夜明けて11月9日。

穏やかな筈のその日夕刻、4つめの不祥事が活字になった。

砂川署員 酒気帯び聴取
二日酔いで運転、出勤か

見出しが目に入った直後、眼鏡を外していた。ざっと読んでからノートを繰り、脳内で表を組み立てる。1件め、つまり落とし物の現金を騙し取った巡査の話は、10月16日発表。2件めの情報漏洩と3件めの公文書毀棄は、同21日発表。そして今回、11月9日に4件めが報じられた。

ラム肉の匂うげっぷを吐きながら記事をよく読むと、その酒気帯び運転はまだ疑惑の段階だった。これは文字通りの「独自取材」、つまり『北海道新聞』の抜き（スクープ）ということだろう。問題は報じられた道警がその事実を認めるかどうか。

いや、これは遅からず認めざるを得ないことになる。警察担当の新聞記者は、確信がない疑惑など活字にしない。事実としたら特ダネだ。舞台となった砂川署では、飲酒運転の取り締まりを強化している真っ最中だからだ。同署管内ではその年6月、酒気帯び運転の車が軽ワゴンに激突して一家5人を死なせ、全国的に報じられたばかりだった。

そのさなかに、当の砂川署員が飲酒運転をやらかしたというのだ。事情聴取を受けたという50歳代の巡査部長は、前日遅くまで酒を飲み、その酒が残った状態で車を運転して出勤したらしい。同僚がアルコールの匂いに気づいたことで呼気を調べられ、果たして基準値を上回るアルコールが検出された、というわけだ。

1カ月間に4件の不祥事。ほどなく、監察官室が3度めの謝罪コメントを発表することになる。

そして、それは「3度」では終わらなかった。

2週間ほどが過ぎた11月28日は、また土曜日だった。

その10日ほど前に上京し、フリー記者42人が国を訴えた「特定秘密保護法違憲訴訟」に原告の1人として参加した私は、目の前で言い渡された実質敗訴の判決に対して控訴の意志を示していた。帰札後初めての土曜の朝、リ・スタジオに顔を出して原告団のメーリングリストを開くと、画面には控訴意向確認の連絡が何通も飛び交っている。控訴費用は原告全員の〝割り勘〟で賄われることになるが、フリーランスの記者にとっては安い金額ではない。メールの最新の着信は、呼びかけ人の寺澤有さんによる「第1審費用の精算をお願いします」というものだった。

思わずジーパンのポケットに手を突っ込む。指先に触れた紙幣を引き抜くと、皺だらけの千円札が1枚。あとは小銭が少しあるだけだ。ピースの缶に伸ばしていた手を引っ込め、ポットのお湯を沸かそうと立ち上がったところで、朝刊を取ってきていないことに気がついた。

編集部の玄関を出て右に折れると、階段の手前に郵便受けがある。鍵を挿し込んで半回転させると、

2つに折り畳まれた分厚い『北海道新聞』が入っていた。
題字のすぐ横、縦書きの活字に、目が釘付けになった。

道警の33人書類送検
虚偽調書作成疑い

第1面に、堂々たる見出しとカラー写真。前日午後に謝罪会見を開いたという白井弘光監察官室長が、直立不動で頭を下げていた。

交通違反を取り締まる警察官たちが、実際には立ち会っていない実況見分に立ち会ったことにし、虚偽の調書を作ったという話だった。あろうことか、その取り締まりの「手当」を受け取っていた警部補や巡査長もいたという。

さらに。

違反切符を捏造容疑
40回以上 森署巡査長を逮捕
違反者扱いの女性が証言
署幹部「内密にして」

社会面に、事実関係をまとめた記事と被害者コメントで構成した記事の、2本立て。口を半開きにしながら隣のページに目をやると、これまでの不祥事連発を検証するまとめ記事が載っていた。

道警 信頼回復険しく
続く不祥事「異常事態」

口を開けたまま屋内に戻り、再び活字を追う。先の調書捏造とは違う話だ。28歳の巡査長が、交通取り締まりの違反切符を40回以上も捏造したのだという。巡査長は、過去の違反者の中からピックアップした管内町民になりすまし、自ら署名・捺印した違反切符をせっせとつくり続けたというのだ。記事には、逮捕された彼の「交通違反の摘発をしなければ、格好がつかない」という供述が載っていた。やはりのちに取材することになるこの話は、当時の記事を読む限りではいかにも悪質で常習的な犯罪だった。

10月中旬から11月下旬にかけ、道警は4度の発表で計6件の不祥事をあきらかにした。監察官室長コメントは各日付で、つまり4回出された。そのすべてで「再発防止」が誓われていたのはいうまでもない。「道民の皆様」への謝罪は3度あり、「厳正な処分」は2度宣言された。最終的に「記者クラブ」向けの会見を開いたのは、今朝の記事の通り。『道新』によれば不祥事の謝罪会見は、道警では5年ぶりのことだったという。

これまでの不祥事と、ほかの取材案件とが、脳内をぐるぐる回り始める。お湯を沸かす筈だったことはすっかり忘れていた。

監察官室長が、5年ぶりに謝罪。それほどの「異常事態」ということらしい。それはつまり、短期間に複数の不祥事が続いたから異常なのか、それとも各ケースの内容が異常なのか。社会面を読む限りでは、この年の道警の懲戒処分者数は20人に上り、すでに前年の同9人を大きく上回っているということは数の問題なのか。

そこで、ふと第1面の見出しを見直してみる。違反切符捏造事件ではなく、同じ日に報じられた虚偽調書作成事件のほうだ。

「33人書類送検」。確かにそう書いてある。だが、この年の懲戒処分者数は「20人」。数字が合わない。書類送検された警察官たちは懲戒処分を受けなかったということか。それとも、これから処分が決まるということなのか。

眼鏡を外して本文の活字を追うと、最後のほうに答えらしきものが書いてあった。「男性警部補を減給10％1カ月の懲戒処分、33人を方面本部長訓戒などとした」――。

方面本部長訓戒。

聞いたことがない。あったかもしれないが、記憶には残っていない。「訓戒」とは何か。それは「懲戒処分」とは違うのか。

パソコンの画面では、秘密保護法訴訟のメールが開きっぱなしになっていた。それを閉じて、インターネットの検索窓に「方面本部長訓戒」と打ち込む。５千件を超えるヒット。画面を何度かスクロールさせていくと、道警の公式サイトの一部らしいページが目に留まった。『北海道警察職員懲戒等取扱規程』という内部文書をＰＤＦファイルにしたものだ。クリックするとファイルが開き、細かな活字が詰まった横書きの文書が現われた。５枚に及ぶその文書は、警察職員の懲戒処分のルールを定めたものらしい。「訓戒」の２文字を探しながらスクロールしていく。マウスのホイールに当てた人差し指は、最後の２つの条文のところで止まった。

第20条
警察本部長又は方面本部長は、被申立者の規律違反が軽微なものであって、懲戒処分を要しないと認めるものについては、訓戒又は注意を行うことができる。

第21条
所属長は、所属の職員の規律違反が極めて軽微なものであって、懲戒の手続に付する必要がないと認めるものについては、訓戒又は注意を行うことができる。

訓戒は、懲戒処分ではないという。懲戒にするほどでもない「軽微」な違反に対して与えられるものだという。

道警は今回、新聞記事になるような不祥事に対して懲戒処分を与えなかった。そういうことだ。記者会見を開いて道民に謝罪した監察官室は、そう判断したのだ。

受話器に手が伸びかけ、寸前で止まった。土曜日だ。役所は開いていない。報じられた事件の『報道メモ』を確認するには、あと2日待たなければならない。

ほとんど無意識に4色ボールペンを手にしていた。パソコンで中央官庁・警察庁のサイトを開き、サイト内検索の窓に「懲戒処分」と打ち込む。

右手の上で、ペンの回転が始まる。

空いた左手で検索結果のひとつ、『懲戒処分の指針の改正について』をクリックする。

人差し指がペンを回し続ける。

開いたＰＤＦファイルの最初のほうに、その文言はあった。

事案の内容によっては、この指針に定める懲戒処分の種類とは異なる処分を行うこと、懲戒処分とせずに監督上の措置である訓戒等を行うこと等もあり得るものである。

「監督上の措置」。この6文字は忘れるべきではないと、なぜか直感した。

読み終えても、4色ペンの回転は止まらない。同じ癖を持つ人ならばよく知っていることだが、右利きの人がペン回しをする時は普通、ペンを人差し指ないし中指で弾いて左回転させる。私は中学生時代からずっと右回り、つまり逆回転だ。人差し指でペンの左端を右手前に引き寄せ、その勢いで右回転させる。当時の同級生には「ひねくれている」と、母親には「天の邪鬼」と言われた。

パソコンの画面から目を離し、脳内の風景に眼を凝らす。手をつけていたほかのすべての案件が遠くへと後退し、横書き文字が彫られた岩の銘板が目の前に迫ってきた。

これまでは、新聞を読んでいただけだった。だが、これからは――。

◆それは発表されていなかった

「これは出てないですね。レク（会見）のやり取りで出たのかもしれないけど、ちょっと私、記憶してなくて……」

受話器の向こうで、道警本部広報課の職員がこともなげに話す。

監察官室の謝罪会見を知った土曜の朝から丸2日が過ぎた11月30日、私は午前9時きっかりに道警へ電話をかけた。そこで「虚偽調書作成」事件の『報道メモ』の一部が存在していないことを知らされることになる。

新聞は、30人以上の警察官が「訓戒」を受けたことを報じていた。ところがそれは、警察が発表した事実ではなかったという。話題は『道新』以外も報じていたから、考えられるのはそれが記者会見の質疑応答であきらかになった、ということだ。『メモ』が出ていないということは、訊かれない限り発表はしないということだ。

週末に閲覧したＰＤＦファイルの画像が、脳内に蘇る。「規律違反が極めて軽微なもの」「懲戒処分を要しないと認めるもの」「監督上の措置」。

次いで、10月下旬に目にした新聞の見出しが頭をもたげる。「50代の男性警部補」。

道警は、不祥事をすべて発表しているわけではない――。

名前を伏せ、年齢を秘し、さらには事実そのものを包み隠す。報道であきらかになったケースさえ「軽微な」不祥事と断じ、公式には裏づけを取らせない。

受話器を置き、４色ペンを手に取る。

右手でペンを回しながら、手元のＡ４判ノートをめくる。そこに「告別式」の文字をみつけ、椅子から跳ね上がりそうになった。

裁判で上京していた日の午後、札幌で１人の女性が急死した。眞鍋千賀子さん・享年74。地元で長きにわたってホームレス支援を続け、のべ２０００人以上の社会復帰に力を尽くしてきた人だ。「ホームレスの母」と呼ばれた眞鍋さんには、取材を通じて15年以上も世話になっていた。

喪服の用意をしていなかった私は、ジーパンの脚をゴム長靴に突っ込み、編集部を飛び出した。すでに自転車移動が可能な季節は過ぎ、路上は白い物で覆われ始めている。市営地下鉄「元町」駅を目指して歩道の雪を蹴っていた時、脳内には何か形の定まらない雲のような映像がうごめいていたが、駅に着くころにはすっかりかき消えていた。

カトリック教会で執り行なわれた儀式は1時間ほどで終わった。喪服でない参列者は私だけだったが、とくに咎められるようなことはなく、終了後は路上支援団体の関係者に「事務所寄ってけや」と声をかけられた。

札幌市北区のＮＰＯ法人「なんもさサポート」に顔を出し、代表の中塚忠康さんの問わず語りに耳を傾ける。11月18日午後、眞鍋さんは自宅近くで倒れているところを発見された。まさに路上で人生を終えたわけだ。綺麗な死に顔だったという。東京地裁での裁判が終わった晩に「なんで死んだんですか」と電話で尋ねた時、中塚さんは「なんでって、死んだもんは死んだんだ」と怒ったように答えていた。今、目の前にいるその人は、時おり笑顔も見せながら盟友の思い出を語っている。

「ちょっと昼喰ってきますわ」

正午少し前に席を立ち、同じビルの最上階に向かう。元ホームレスの人たちが切り盛りする食堂「あそびば」。４５０円の「まかない定食」を註文すると、その日はザンギ定食だった。「ザンギ」とは、北海道方言で鶏の唐揚げのこと。かすかにニンニクの香る醤油味が、ごはんにもお酒にもよく合う。

2年ほど前に糖尿病認定された私にとって、炭水化物は大敵だ。「あそびば」の大盛り飯は本来ならばタブーだが、子供の握りこぶしほどもある唐揚げが5つ並ぶ皿は、食欲を大いにそそる。テレビでは、安倍晋三総理大臣が国連の温暖化対策の会議に出席するというニュースが流れていた。映像を眺めながら、小鉢のきんぴらごぼうと大皿のザンギとを交互に口に運び続ける。どちらも味つけが濃いので、白飯が進むことこの上ない。

ニュースが次の話題に切り替わる直前、不意に箸が止まった。

3時間ほど前、頭の中でうごめいていた形の定まらない雲。その不定形が、何日か前に見た何かに反応していた。

血糖値の上昇と関係があるのかどうかはわからない。不意に現われた不定形の雲は、気づくと週末の新聞紙面に変わっていた。その活字の一部が、ぐっと手前に迫ってくる。


今年の懲戒処分者数は20人に上り……


道警は、懲戒免職となった警察官の名前や年齢を発表しなかった。

懲戒に至らない「訓戒」つまり「監督上の措置」については、それ自体を発表しなかった。

では、それ以外の不祥事はどうなのか。今年処分された「20人」の懲戒はすべて公表され、新聞記事やテレビニュースになっているのだろうか。

4色ペンは胸ポケットに挿さっている。右手に持っているのは割り箸だ。手の上で回すには軽過ぎる。そう、これは飯を喰う道具だ。

ザンギ定食は、残さず平らげた。大盛り飯も一粒残らずかき込んだ。

食堂の1階下に降り、「なんもさ」事務所の隣の部屋へ向かう。そこには急ごしらえの小さな祭壇があり、眞鍋さんの遺影が飾られていた。炊き出し会場でホームレスの1人と談笑しているところを捉えたその写真は、私が撮影したものだった。

しばらくその遺影を眺めてから、ビルを後にした。

◆警察に正義を求めるな

1週間後、『北方ジャーナル』の締め切りが訪れた。

私が寄せた記事は4本。1つは自身も参加した保護法訴訟の東京地裁判決、1つは「ホームレスの母」の訃報、1つは重い知的障碍のある娘を刺殺した女性の話、残る1つが道警の話題だった。

道警の記事は、「異常事態」を総括するようなレポートに留めた。締め切りまでに開示された『事件指揮簿』などを紐解き、一連の不祥事を振り返る内容だ。本文の末尾に、次号以降も引き続き取材していくとの予告を添えた。

知った番号の携帯電話を鳴らしたのは、入稿直後の12月10日朝だった。

「ああ、原田です」

電話の相手は、原田宏二さん。かつて北海道警釧路方面本部長だった人だ。

道警管内にある4カ所の「方面本部」は、ちょっとした県の県警本部に匹敵する組織といえる。ノンキャリアでそこのトップに上りつめた原田さんは退職後の2004年2月、突如として実名・顔出しで記者会見を開き、道警の「裏金問題」を証言した。当時は『北海道新聞』が裏金疑惑を追及するキャンペーン報道を展開しており、原田さんの証言は紙面で大きく扱われた。「疑惑」が「事実」に変わった潮目はこの時できたと言われる。

私が初めて会ったのは08年の4月。食肉偽装で話題になった「ミートホープ」社の元常務との対談を打診すると、原田さんは快く引き受けてくれた。「内部告発」をテーマにした対談は全10ページという長尺の記事になったが、深く読み込んでくれた読者が多かったとみえ、その後も何カ所かの取材先で「あれはよかった」との声を聴くことになる。

その原田さんに改めて連絡をとったのは、インタビュー依頼のためだ。一連の不祥事の背景に何があるのかを語って貰い、次号の記事に盛り込みたい。

「明日の夕方とか、お忙しいですかね」

「いいよ。どこでも行きますよ」

苦笑混じりの即答。この1週間後に78歳の誕生日を迎えることになる元警察幹部はほぼ毎朝、ママチャリならぬ競技用自転車で40キロ以上の距離を走ることを日課としている。30ほど歳の離れた私よりもよほどフットワークが軽い。

電話を切った私は、そのころ出会ったある警察官がボソリと呟いたひと言を思い出していた。

「うちの会社（道警）は、負の遺産が多過ぎる」

彼の言う「遺産」が何なのかは、訊かなくてもわかった。すぐに思いつくことが、少なくとも2つある。

2002年の現職警部逮捕をきっかけに発覚した「稲葉事件」と、その2年後に道警が全国で初めて組織的不正経理を認めた「裏金問題」。両者はさしずめ道警の「二大遺産」といえた。原田宏二さんはその両方を深く知る立場にあり、後者の裏金問題では自ら裏金を受け取っていた立場でその不正を告発するという、極めて高いリスクを伴う行動に打って出ている。告発の結果、道警は長期間にわたる組織的な裏金づくりを公式に認めざるを得なくなり、捜査報償費など実に9億6000万円を国と道に返還することになった。

道警には、長いこと「裏の会計」とでもいうべきシステムがあった。捜査協力者に渡す謝礼などの領収証を日常的に捏造し、本来は捜査に使われる筈のお金を「裏帳簿」で管理する。その裏金は、幹部職員の飲食費や異動する職員への餞別などに使われていたという。多くの警察官が長年の慣行として架空の領収証づくりに手を染め、裏金システムに荷担していた。原田さん自身も、若手のころには領収証捏造で裏金を生み出し続け、幹部になってからは部下がつくった裏金を受け取り続けた。「どこかおかしい」「早くやめるべきだ」と思いながらも、組織に根強く残る慣行に逆らうことはできなかったという。釧路方面本部長を最後に57歳で早期退職した後は、やはり慣行としての「天下り」で札幌の保険会社に再就職した。

道警を退職した1995年の秋、北海道庁の裏金問題が発覚する。この時原田さんは「これで道警も少しは襟を正すだろう」と思ったという。警察は建前上、都道府県の組織だ。道庁の不正が追及されれば、道警の不正にも当然メスが入るだろう。そう思ったが、そうはならなかった。道警だけは不正追及の難を逃れ、原田さんは「永久に藪の中か」と天を仰ぐことになる。しかし、その8年後――。

２００３年秋、原田さんのもとに民放キー局から取材の打診があった。指定されたホテルに赴くと、旭川中央警察署の会計書類を見せられた。同署の署長を経験していた原田さんは、見た瞬間にそれが本物だと、つまりは裏金の記録であるとわかったという。腹を決め、知っていることをすべて証言したが、この時は顔と名前を伏せ、「元幹部」と名乗るにとどめた。

番組をきっかけに、地元紙『北海道新聞』の猛烈な調査報道が始まった。取材班は結果的に１４００本以上の記事を書き、読者の１人だった原田さんは「今度こそ山が動くかもしれない」と期待する。しかし道警は裏金づくりを否定し続け、道知事もそれを支持、「疑惑」はなかなか「事実」として認められなかった。

また藪の中か――。「このチャンスを逃がしたら裏金システムは永久に解消できない」と考えた原田さんは翌04年2月、再びカメラの前に立つことになる。前年の取材とは異なり、名前と顔を晒して記者会見を招集。多くのメディアを前に元幹部として裏金の存在を証言し、たった1人でかつての職場に弓を引いた。

会見を開いた理由は、単純なことだったという。名前を出して証言するとしたら、自分しかいない。そう思ったためだ。方面本部長まで務めた人間が実名・顔出しで話せば、道警はさすがに黙殺できなくなるだろう。ただ、それをやると警察という巨大な組織を敵に回すことになる。行動は監視され、心ない誹謗中傷を受ける可能性もあるだろう。

予測は両方とも的中した。

会見翌月の3月、道警の芦刈勝治本部長（当時）は道議会で初めて裏金の存在を事実上認め、さらに9月にはそれが組織ぐるみの不正だったと認めて陳謝した。原田さんに続く証言者も現われた。『道新』をはじめとする地元メディアはこの巨大な不祥事を大きく伝え続けたが、その裏では告発者・原田さんへの強烈なバッシングが始まっていた。自宅には匿名の郵便物が束で届き、その文面は「裏切り者」「アカの手先」「マスコミから金を貰ったか」などの罵倒で埋め尽くされていた。道外のイベントに赴いた時は、当地の公安警察に尾行され続けることになった。のちに私が企画したミートホープ元常務との対談では、そのころの心境を次のように振り返っている（『北方ジャーナル』2008年6月号）。

私も、警察内部ではそれなりの地位にあって、まあ辞めてからも「本部長、本部長」と言ってくる者はいましたよ。しかし、ああいうことがあった後は、自然にそういう人たちが遠ざかっていきました。警察の階級なんていうのは、辞めてしまったら何の役にも立たない。今はむしろ、それでせいせいしてるんです。

インターネットの掲示板などでは、原田さんが裏金づくりに手を染めていたことを指摘し、そのことをもって実名告発を批判する匿名の書き込みもあった。多くの批判者が勘違いしていることだが、原田さん自身は当初から裏金づくりへの荷担を認めている。幹部職員になってからその恩恵に浴したことも隠していない。天下り先で6年間ほとんど何もせずに高給を得ていた事実も明かし、「私は英雄でも何でもない」と訴えてきた。しかしそうした発言はほとんどメディアに取り上げられず、「英雄」の側面だけが独り歩きし続ける。その傾向は今もあまり変わっておらず、認めたくないことではあるが私もつい最近、若い知人から手垢のついた原田さん批判を聞いた。

話を戻す。改めてインタビュー依頼の電話をかけたあくる日の夕刻、札幌市内のホテルにある喫茶店で、私はその人を待っていた。

待ち合わせ時刻の午後4時きっかりに原田宏二さんは姿を現わした。黒のタートルネックに紺のジャケット。席に着くなり分厚い鞄を脇に置き、「今さら警察の不祥事に驚いてたら駄目だよ」と切り出した。眼鏡の奥で、やれやれと言うように目尻が下がっている。

「マスコミも、一般の人たちも、そろそろ虚構のイメージを棄てたほうがいい。警察は正義の組織で、警察官は高い倫理観をもって職務にあたっている。そう思ってませんか。まず、そこが間違い。そんなわけないんです」

語り始めて5分と経たぬうち、眼鏡の奥から笑いが消えた。「警察官に求めるべきは正義や倫理ではない」と、きっぱり言い切る。「彼らにはとにかく法の手続きを守らせることだ」とも。

「彼らは、治安維持のためなら多少のことは許されるという、誤った使命感を持っている。だからむしろ、法の網をかいくぐってスレスレの手法で仕事にあたる者が増え、それで事件を処理すると優秀と見做されたりする。私は『グレーゾーン捜査』と呼んでますが、そういう手法が増えるのと、不祥事が減らないこととは、根を同じくしてるんですよ」

2時間ほどの語りはいちいち要点を衝いていて、不祥事の背景をわかりやすく描き出していた。4色ボールペンをノートに走らせながら、頭の中で文字数を計算する。囲み枠でそのインタビューが掲載されている誌面が、鮮やかなイメージで浮かび上がった。聴き手の私は、それにふさわしい「本文」を書かなくてはならない。

午後6時半から市民団体への講義があるという原田さんに、別れ際「宣言」した。

「ちょっと開示請求してみようと思うんですよ」

「いいね。すっかり道警の監視対象になってるんじゃないの」

眼鏡の奥に、笑顔が戻っていた。

宣言を実行したのは、翌日午前のこと。それは、その年の「20人」が事実かどうかを確認し、さらに懲戒に至らない「訓戒等」の内容を知るための公文書開示請求だった。「訓戒等」を「監督上の措置」と呼ぶことは、週末にネットで閲覧した警察庁の資料を通じてすでに知っている。「懲戒処分」と「監督上の措置」の両方を記録したものを、ある程度過去のぶんまで溯って請求したい。

そういう記録があるならば、だが。

何度も押し慣れた代表番号をプッシュする。交換の女性に「警察情報センターを」と告げると、ほどなくしてよく知る男性職員の声に交代した。

「警察情報センターですー」

語尾を「すー」と伸ばす特徴的な声遣い。聴くなり私は、やや前のめりの口調になる。

「お世話さまです、小笠原です。すんません、もう1件請求したいと……」

「おおお。だ、だいぶ溜まってるので、たぶん年明けになっちゃうんじゃないかと」

その時点で、一連の不祥事にかかわる開示請求のうち、まだ『事件指揮簿』などの開示決定が出ていないものがいくつかあった。11月初めからの1カ月間でセンターとのやり取りは10回を超えている。

「ええーっとですね、年間の懲戒処分をまとめたものと、監督上の措置をまとめたものって、文書としてありますかね。処分内容とか、処分理由とか、職員の所属とか階級とか、そういうのがわかるような……」

「んー、そもそもあるかないかってところからですね、お調べして」

「あるとしたらですね、5年ぐらい前……、２０１０年から、去年の、14年までのぶんを欲しいなと」

「了解しましたー。……ちょっと確認に時間かかるかもしれないですね」

結果として、この「確認」にはほとんど時間がかからなかった。理由は、2日後にあきらかになる。

◆「休刊日」前日のスクープ

12月13日の朝。

私はリ・スタジオのパソコン画面に鼻先を近づけ、両目を左右に走らせていた。

北海道警
警官不祥事、法令違反疑い公表せず　「指針に基づき」

インターネットでそのニュースを配信していたのは、地元の『北海道新聞』ではない。全国紙『毎日新聞』のスクープだった。同紙北海道支社の記者は11月、道警に対して文書開示請求をし、2010年1月から15年10月までの「懲戒処分」を記録した文書を入手したという。記事本文には、公表されなかった処分が12件あったと書かれていた。

私とまったく同じ開示請求をしていた新聞記者がいた――。

いや、「まったく同じ」ではない。記事は「監督上の措置」には触れられていなかった。とはいえ、少なくとも「懲戒処分」の一覧が存在することは、この記事で証明された。

受話器に手が伸び、またしても寸前で止まる。その日は日曜日だった。2日前、その文書があるかどうか「確認」すると言い、また「時間がかかる」とも言っていた警察情報センターの担当者。彼に『毎日』の記事、見ましたか」と連絡をとるには、もう1日待たねばならない。

受話器から手を離し、パソコン画面に視線を戻す。

『毎日』の記者が入手したその年の「懲戒処分」一覧には、全部で17件の不祥事が記録されていたという。私の脳内から消えない「20人」よりも少ないのは、開示された文書が10月までのぶんだったためらしい。

その17件のうち、7割超の12件が未発表だったというのだ。記事の末尾には別表がついており、発表されなかった12件がずらりと並んでいる。詐欺、ひき逃げ、強制わいせつ、速度違反、万引き、住居侵入……。犯罪と見做されるケースばかりだが、当事者の警察官はクビにも停職にもなっていなかった。いずれも「減給」で済んでいる。そして、新聞記事やテレビニュースにならずに済んでいる。

17件中12件が未発表。繰り返すが、これは「懲戒処分」のみの話だ。

より軽い「監督上の措置」が何件に上るのかはまだわからないが、こちらはほとんど発表されていない可能性が高い。

リ・スタジオで私にあてがわれた机の真向かいに、ポスターサイズのカレンダーが掛けてある。その上にある掛け時計を見ると、午前11時を少し回っていた。道警本部が開庁する月曜日の朝9時までには、あと22時間以上ある。

ネットニュースで道警の不祥事隠しを配信した『毎日』は、紙面でもその記事を展開している筈だ。日曜日のスクープは、他社の後追いが難しい。読んだ新聞記者たちの心持ちを想像しつつ、ダウンコートを羽織って外に出る。リ・スタジオから最も近いコンビニエンスストア・地下鉄「元町」駅前のローソンまでは、徒歩で5分ほどだ。小走りに店へと向かい、出入口のわきにある新聞コーナーから『毎日』を1部抜き取ってレジに持ち込むと、最終面がラジオ・テレビ欄ではなく通信講座の全面広告になっているのが見えた。

明日は新聞休刊日。そういうことだ。ほかの新聞社が後を追いかけても、夕刊までは活字にできない。レジで１４０円を支払いながら小さく「おお」と呟きが漏れた。

編集部に戻って新聞を拡げると、社会面で10段、地方面で９段のスペースを割いて不祥事隠しが報じられていた。後者には、11月の会見で謝罪した白井弘光監察官室長の写真がカラーで掲載されている。記事によれば道警は、10月までの懲戒処分17件のうち12件を公表しなかった理由として、警察庁の『懲戒処分の発表の指針』を参考に判断したと述べていた。

インターネットで『懲戒処分の発表の指針』を検索すると、警察庁のサイト内にあると思われるPDFファイルがヒットした。文書の作成日は「平成16年４月15日」。平成16年といえば２００４年だから、もう10年以上が過ぎていることになる。その後改定されたのかどうかは、ネット検索だけではわからない。受話器を掴み、警察庁の代表番号をプッシュしかけて再び手が止まった。そう、今日は日曜日だった。手を引っ込めてパソコン画面に目を戻すと、『指針』は次のような文言で処分発表の基準を定めていた。

次に掲げる懲戒処分について、発表を行う
（１）職務執行上の行為及びこれに関連する行為に係る懲戒処分
（２）私的な行為に係る懲戒処分のうち停職以上の処分

（3）（1）及び（2）に掲げるもののほか、行為の態様、行為の公務内外に及ぼす影響、職員の職責等を勘案し、国民の信頼を確保するため発表することが適当であると認められる懲戒処分

懲戒処分は、すべて公表されるわけではないということだ。警察は、自らルールを定めて不祥事隠しをよしとしていたことになる。定義が曖昧な（3）は措くとして、（1）と（2）を読む限りでは、私的な行為に伴う不祥事で「停職以上」でないものは公表しなくてもよい、というわけだ。懲戒処分には、重いものから順に「免職」「停職」「減給」及び「戒告」の4つがある。免職はクビ、停職は一定期間仕事から干すこと、減給は給料カット、戒告はお説教、といったところだ。『毎日』で指摘されたひき逃げや強制わいせつ、万引きなどの不祥事は、免職にも停職にもなっていないので公表の対象にならなかった、ということらしい。

急に空腹を覚えた。時計を見ると、すでに正午を回っている。パソコン画面に目をやったまま、再びダウンコートを着込んだ。

編集部から徒歩10分ほどの幹線沿いに、牛丼のチェーン店がある。家族連れなどで賑わう店を訪ね、カウンターの端に掛けて鮭定食と単品の唐揚げを註文した。ごはん少なめで540円。唐揚げを頼むのは、11月末にNPOのまかない定食でザンギを食べて以来、この2週間で4度めになっていた。5分ほどで出てきた定食に箸を伸ばしながら、今朝の『毎日』記事を脳内で反芻する。1つめの唐揚げを口に放り込んだ時、新聞紙面の上端、記事の左上に印刷されていた活字「12月13日（日）」に意識

が集中した。そう、今日は13日だ。ということは、明日の月曜日は14日。同日中に私が文書開示を請求して道警に受理されたとして、求める文書が入手できるのはいつか。北海道の条例では、開示期限は請求受理の14日後ということになっている。単純に足し算して、最短で12月28日――。年を跨ぐ可能性が濃厚になってきた。

◆それらは全件発表を前提としていない

12月14日午前9時ちょうど。

「もしもし」

「警察情報センターですうー」

「おはようございます、小笠原と申します」

「あ、おはようございますー」

毎度変わらぬ「すー」の語尾を耳にして、一気にまくし立てる私。

「あの先週金曜日に電話で『過去5年間の懲戒処分と監督上の措置の一覧みたいなものがあれば』って言ったんですが昨日の毎日新聞にけっこうデッカい記事が出ていて今年10月のぶんまで公開されたと書いてあるんで可能であれば今年11月のぶんまで追加でお願いしたいと思うんですけど請求できますか」

「わ、わかりましたー。ではその旨、担当の者に伝えておきますので」

およそ30分後。

「もしもしー、警察情報センターですー」

「はいはい」

「先ほどの件、確認しましたらー、11月のぶんまでとれるっていうことなので、今日こちらに来られますか」

「伺います、伺います」

新聞で大きく報道されたことで、もはや文書の存在を「確認」する必要はなくなった、ということか。電話の相手の口調はさっぱりしたものだった。

2週間ほど前に少し積もっていた雪は一度融けかかり、外に出るとアスファルトの路面に白い部分はほとんどなくなっていた。私の故郷・小樽市の老舗「第一ゴム」社製の長靴はたいへん丈夫だが、雪のない硬い路面を歩くと靴底の減りが加速するような気がして心もとない。かすかに残る白い部分を選びながら、リ・スタジオから徒歩5分ほどの中華屋さんへ足を運ぶ。曜日ごとに5種類用意された定食の品書きを開くと、「月曜日」のページにサインペンの手書きで「油林鶏」の文字があった。「林」の誤記を気にしつつ、迷わずそれを註文する。11月末から数えて、これで5度めの唐揚げ。ピースを一服し終える前に出てきた大皿に箸を入れながら、本日の各紙夕刊、とりわけ地元紙『北海道新聞』に載るであろう記事を想像してみる。『毎日新聞』の実績に触れず、ただ「14日までにわかった」と書かれる筈の後追い記事は、果たしてどれぐらいの扱いになるのか。そもそも後追いするのかどうか。いや、するだろう。記事が出た日、地元の報道関係者の何人かからメールが届き、誰もが「これは各社追いますよ」と請け合っていたことを思い出した。次の『北方ジャーナル』発売は年明けだから、私自身はずいぶん遅れて後追いする形になるが、それで問題ない。「監督上の措置」という、どこの社も報じていない不祥事に触れることができるからだ。

気がつくと、糖尿病の大敵であるデザートの杏仁豆腐まですっかり平らげていた。

夕方になってから編集部の郵便受けを覗くと、果たして『北海道新聞』が夕刊の社会面に『毎日』の後追い記事を載せていた。書き出し文の末尾は「14日、道警への取材で分かった」。文書開示請求ではなく「取材」で分かったことになっている。『毎日』の調査報道がきっかけだとは、やはりどこにも書いていなかった。

ざっと読んでから編集部を出、地下鉄を乗り継いで札幌地方検察庁に向かう。毎月第2・第4月曜日は夕方から次席検事の定例会見があるのだ。私のような司法記者クラブ非加盟者も参加できることから「オープン会見」と呼ばれているが、クラブ外から毎回のようにオープン参加しているのは私だけで、ごくたまに中央の週刊誌やフリー記者などが来ることがある程度。日によってはクラブからも参加がなく、次席検事と「サシ」の取材になることさえある。

札幌地検の入る「札幌第3合同庁舎」は、道警本部から西に5ブロックほど離れた大通西12丁目に建つ。建物に面した大通公園はその12丁目の区画が「バラ園」になっていて、毎年初夏には50種類以上のバラが花を咲かせる。冬の公園は色とりどりの夏の姿とは対照的に、黒い空とともにモノクロの世界をつくっていた。

この日も記者クラブからの参加は数えるほどしかなく、質問の手を挙げたのは非加盟者の私のみだった。

「道警の不祥事が話題になってますが、報道されたものの中には発表されなかったケースもあるようです。検察の場合、懲戒処分の発表の目安みたいなのはあるんですか」

当時の次席検事・片岡敏晃氏は、首を傾げながらこう答えている。

「どういう事案に対してどういう処分を与えるか、という基準とともに、公表するかどうかにも指針がある筈です。国家公務員はだいたい人事院の指針に従ってやっていると思いますよ」

10分間足らずで終わった会見の後、庁舎の北側にある喫煙室へ向かう。ピースに点火しながらスマートフォンの検索窓に「人事院」「懲戒」「公表」と入力してみると、『懲戒処分の公表指針について』という資料がヒットした。内容は、前日にみつけた警察庁の『指針』とほぼ同じ。国家公務員の懲戒処分はそもそも、全件発表しなくてよいことになっていたのだ。警察官の多くは地方公務員だが、中央の警察庁の『指針』を参考にすることで、やはり全件発表を免れることができているらしい。

道警情報センターから文書開示決定の連絡があったのは、その日からきっかり2週間が過ぎた12月28日の昼前だった。

「今日、決定通知をお送りしますので、それをお持ちになってこちらに来ていただくということになると……」

　年内、役所の稼働はその日で終了。やはり文書の入手は年が明けてからということになる。

「いちおう警察は1月4日からやってますけど」

「では4日の午前中で」

　翌日夜、自宅に『公文書一部開示決定通知書』が届いた。年明け、それを手に道警本部を訪ねて墨塗りだらけの84枚の文書を受け取ったのは、この章の冒頭に記した通りだ。

第二章

見えない不祥事「監督上の措置」

警察職員の「懲戒処分」が一部発表されるのに対し、ほとんど表沙汰にならない〝見えない不祥事〟がある。それは「監督上の措置」という内部処理の対象になったケースで、数としては懲戒の7倍以上に上っていた。前章でみたようにそれは「極めて軽微な規律違反」で、「懲戒処分を要しない」とみなされたものだという。だが文書開示請求で入手した記録には、法令違反が強く疑われるケースがいくつも記されていたのだった。

◆無愛想な記録は、多くを語る

正月の朝に北海道庁の1階ロビーで目を通した文書は、墨塗り部分の多い無愛想な活字の羅列だった。

懲戒処分に未発表のひき逃げ事件などが含まれていたことは、『毎日新聞』のスクープですでに知っている。それを再確認できたことには意味があるとして、「ひき逃げがあった」ということ以外はほぼ一切わからないままだ。年末に自宅に届いた『一部開示決定通知書』を改めて確認してみると、そこには「開示しない部分」が明記されていた。

・職員番号

・氏名
・生年月日
・採用年月日
・係
・所属（の一部）
・階級（の一部）

道庁のロビーで拡げた文書はたしかに、それらを記録した部分がきっちり隠されている。１枚を頭上に掲げ光にかざしてみたが、隠れた文字が透けて見えるわけもない。

スマートフォンを取り出し、真っ黒な文書を撮影してツイッターに投稿した。どこの署の誰が懲戒の対象になったのかがまったくわからないという現実を、まずは拡散しておく。この時は「懲戒処分」にざっと目を通しただけで、懲戒に至らない「監督上の措置」にも法令違反のケースがあるとは想像していない。年間の一覧がＡ４判紙１枚に納まる懲戒処分と異なり、数としてその７倍ほどある監督上の措置は月ごとに一覧が作られており、つまり１年ぶんだけで紙が12枚以上あった。

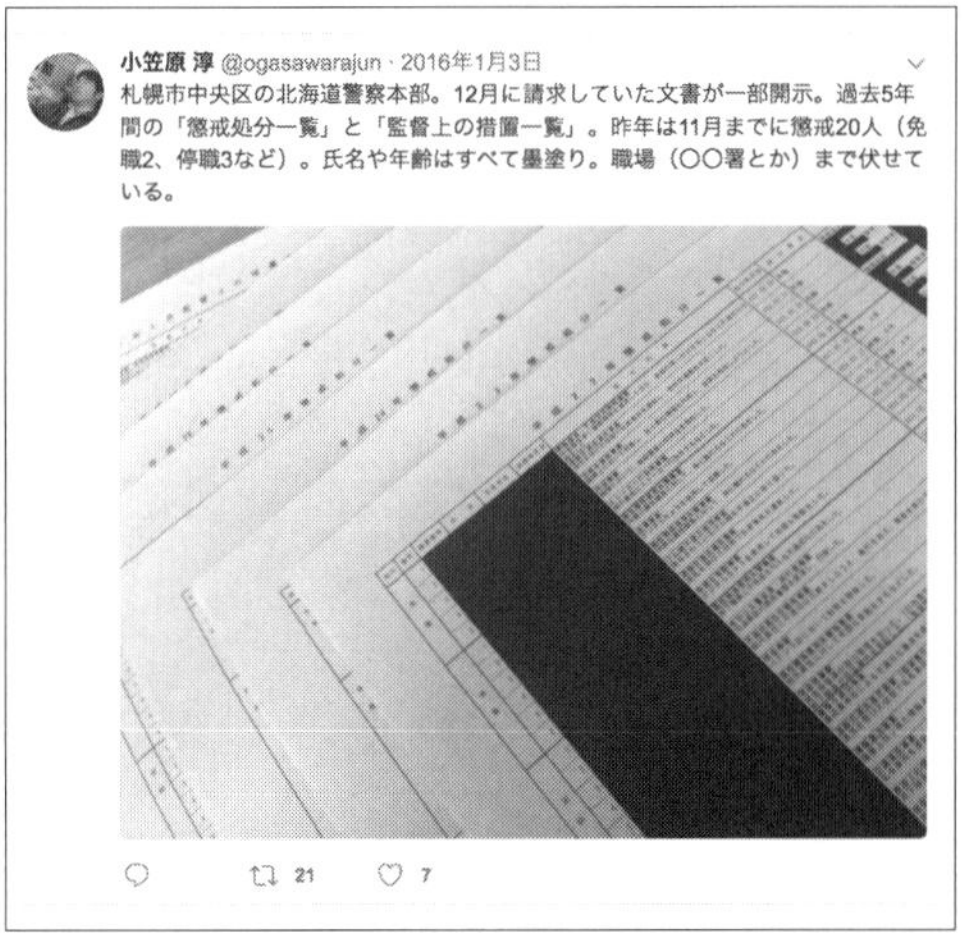
小笠原 淳 @ogasawarajun · 2016年1月3日
札幌市中央区の北海道警察本部。12月に請求していた文書が一部開示。過去5年間の「懲戒処分一覧」と「監督上の措置一覧」。昨年は11月までに懲戒20人（免職2、停職3など）。氏名や年齢はすべて墨塗り。職場（〇〇署とか）まで伏せている。
21
7

まずは、飯を喰わなくては。

大晦日から元日にかけ、ホームレス支援NPO『ベトサダ』のシェルターに泊まり込んで年末年始の取り組みをレポートしていた私は、2日以降もそこに顔を出して支援の状況などを取材し続けていた。11月に亡くなった眞鍋千賀子さんがつくったそのNPOは、道庁から地下鉄で3駅ほどの所にある。午後からそこに立ち寄ることに決め、いったん編集部に戻ってから至近のショッピングモールに足を運んだ。

午前11時台のフードコートは人が少なく、落ち着いて飯を喰える。テナントの中華専門店に炒飯と餃子と唐揚げのセットがあったのを確認し、迷わずそれを注文。1人掛けの席を確保して薄い合板の椅子にジーパンの尻を落ち着けた。

レジでポケットベルのような端末を持たされ、ブザーが鳴ったら自分で皿を取りに行くセルフサービス方式の店だ。呼び出されるまでの間、2015年ぶんの「監督上の措置」だけでもひと通り見ておこうと、入手したばかりの紙束を鞄から取り出した。すぐ後ろの卓では、私よりもやや歳上とみえる男性が高齢の母親に代わって定食のトレーを運んでやっているところだった。向かいの席でノートを拡げ、猫背になって何か書きつけている女の子は学生さんか、あるいは何か資格の勉強でもしているのか。その後ろでは、腰の曲がった男性の1人客が野球帽を頭に被ったままラーメンの鉢を覗き込んでいる。

こういう店の呼び出しブザーを「うるさい」と感じたことはない。少なくともそれまでは一度もなかった。その日も腹が減っていた筈だし、早く食事を済ませてホームレスのシェルターに行かなくてはならなかったのだ。

だが私は、その日初めてブザー音を疎ましく感じることになる。その音が鳴るころには、座席から立ち上がることができなくなっていたのだ。墨塗りだらけのザラ紙に顔を近づけ、細かな文字を追い続ける目の動きが止まらなくなっていた。耳を襲う電子音に舌打ちし、背後の親子や向かいの女性の存在を忘れ、眉間に皺を寄せながら「おいおい」「どうなってんだ」と小さく呟き続けていた。

原則未発表の「監督上の措置」。1カ月ごとにそれをまとめた『一覧』から、法令違反が疑われるケースが次から次へと目に飛び込んできたのだ。

処分内容　異性関係不適切事案／部内の異性に対し、つきまといなどをした。
処分年月日　H27．2．16
処分量定　所属長注意
所属　警察署
階級　警部補

「つきまとい」とはつまり、ストーカー行為。立派な犯罪だ。「部内の異性」というからには、それは同僚の職員に対する行為だったのだろう。ということは、犯罪であると同時に職場内でのセクシュアルハラスメントにもあたることになる。当人は「警部補」のようだが、もしもセクハラ相手の階級が巡査部長以下だったとしたら、立場を利用したパワーハラスメントにもなり得る。それが懲戒処分の対象にならず、「所属長注意」、つまり上司のお説教で済んでいたというのだ。

同じ月の下旬には、別の法令違反が記録されていた。

処分内容　交通違反等事案／車両を運転中、速度違反をした。
処分年月日　H27．2．26
処分量定　所属長注意
所属　警察本部
階級　巡査部長

「速度違反」が懲戒処分を要しない「軽微な違反」かどうかは、議論が分かれるだろう。しかし警察というのは、そもそもそういう違反を取り締まる役所ではないのか。一般人の違反に対して点数切符を切る立場ではないのか。時には「ネズミ捕り」と称し、物陰に隠れて違反車輌を狙い撃ちすることさえあるではないか。その警察が自ら犯した速度違反が、やはり上司のお説教だけで済んでいる。

さらに。

処分内容　勤務規律違反等事案／勤務中に異性と不適切な行為をするなどした。
処分年月日　H27．5．18
処分量定　方面本部長訓戒
所属　警察署
階級　巡査長

処分内容　勤務規律違反等事案／勤務中に異性と不適切な行為をするなどした。
処分年月日　H27．5．18
処分量定　所属長訓戒
所属　警察署
階級　巡査

同じ日付で、まったく同じ処分内容が2つ並んでいる。仕事中に「異性」と「不適切な行為」に及んだということは、男女2人が同時に処分されたのか、それとも同性の2人がそれぞれ別の相手と行為に及んだのか。

手がかりがほとんどないその不祥事の詳細を、私は想像する。これはおそらく男女1組の職員が処分されたケースだ。仕事中に職場のどこかで、あるいは仕事を抜け出して、彼らは「不適切な行為」

に溺れた。では、どういう経緯でそれが発覚したのか。2人のうちどちらかに気がある同僚職員が、彼らに嫉妬して上司に報告したのか。それとも、まともに「行為」の現場を押さえられたのか。文書には「不適切な行為」としか書かれていないが、それをやったということは、その間は仕事を放り投げていたことになる。民間企業の従業員が同じことをやったとして、それが懲戒に至らない「軽微な違反」で済むだろうか。会社員の給料は企業の売上から、つまり商売で得た利益から賄われる。それに対し、公務員である警察官の給料は税金由来だ。税金で喰う公務員が仕事をサボって異性とよろしくやっても、当事者は懲戒処分を受けず「訓戒」で済まされる。北海道というのはそういう土地なのか。

処分内容　飲酒上の暴行事案／節度のない飲酒により同僚2人に暴行した。
処分年月日　H27．6．26
処分量定　方面本部長訓戒
所属　警察署
階級　巡査部長

はっきり「暴行」と書いてある。犯罪だ。しかしこれも処分は「訓戒」で、懲戒の対象になっていない。殴ったのか蹴ったのか、はたまた物を投げつけたのかは知らないが、その暴力行為が事件として捜査されたかどうかもわからないのだった。

処分内容　賭博違反事案／賭博行為をした。
処分年月日　H27．9．3
処分量定　所属長注意
所属　警察本部
階級　巡査

処分内容　賭博違反等事案／賭博行為等をした。
処分年月日　H27．9．4
処分量定　所属長訓戒
所属　警察署
階級　巡査

処分の日付が1日違うだけで、ほぼ同じ内容。「賭博」はもちろん犯罪だが、新聞記事やテレビニュースでこの話題を目にした記憶はない。逮捕しなかったのか。そもそも捜査しなかったのか。道警は、身内の犯罪を見逃したのか。だとしたら、警察官ではない人がバクチに興じていても、警察はその人を逮捕してはならない。お説教で済ませなくてはならない。

目の前の端末が震え、ブザー音が響いている。聴こえてはいるのだが、身体が反応しない。眼鏡を外した両目の視線が手元の紙を貫いて離れない。

処分内容　異性関係不適切事案／部外の異性に対してつきまといなどをした。
処分年月日　H27．9．11
処分量定　警察本部長訓戒
所属　警察署
階級　巡査部長

またストーカー行為。しかもこれは「部外の異性」が被害に遭っている。一般の、おそらく女性が被害者だったのだ。それでも懲戒処分にならなかったのだ。やはり民間の会社員が同じことをしたとして、その職場はお説教だけで済ませるだろうか。文書には「つきまといなど」とあるが、「など」とはいったい何か。

同じ月には、ひときわ小さな活字でこんなケースも記されていた。

処分内容　異性関係不適切等事案／職務上知り得た個人情報を利用し、部外異性に不安感を与えるメールを送信するなどした。

処分年月日　H27．9．16
処分量定　方面本部長訓戒
所属　警察署
階級　巡査部長

　個人情報を取り扱う公務員が、資料の紛失などで情報をうっかり漏洩させてしまう事件は、たまにある。これは、それとは違うケースだ。知り得た個人情報を故意に悪用し、特定の異性にメールを送っていたのだ。それで、クビにもならず給料カットにもなっていないのだ。マスコミ発表もされていないのだ。

　そして、10月の『一覧』。記録されていた次の事案を見た瞬間、咽喉の奥から「はあぁーっ」と乾いた声が漏れた。口が半開きになり、ザラ紙が手の汗でふやけ始めている。

処分内容　道路交通法違反等事案／ひき逃げ行為をし、相手に負傷を負わせたもの。
処分年月日　H27．10．14
処分量定　警察本部長訓戒
所属　警察署
階級　巡査

1時間ちょっと前に道庁のロビーで見た懲戒処分のひき逃げは、「救護等の措置を講じることなく逃走」という表現で記録されていた。それに対し、こちらは「ひき逃げ行為」とはっきり書かれている。「相手に負傷を」の文字もある。

急いで『懲戒処分一覧』を見直してみると、懲戒のひき逃げは1月28日に「減給」の処分となっていた。監督上の措置のひき逃げは、10月14日付で「訓戒」。両者はまったく別の事件ということだ。北海道警では、2015年の1年間にひき逃げで処分された職員が2人いたということだ。そして2人ともクビにならず、さらに事件そのものが一切発表されなかったということだ。

脳内に「ひき逃げ」「負傷」の文字が特大の活字で現われた。さらに「巡査」「訓戒」の活字が後に続く。とんでもない不祥事ではないか。マスコミはこれをニュースにしたか。していない。警察が発表していないからだ。公文書開示請求で『監督上の措置一覧』を入手しない限りあかるみに出ない事実だからだ。現職警察官がひき逃げをしたこと、警察がそれを発表しなかったこと、クビにも減給にもせずお説教で済ませたこと。いずれも大ニュースではないか。紋切り型の謝罪文句を使うなら、この件だけで「あってはならないこと」3連発ではないか。

ブザーはとっくに鳴り止んでいた。口を半開きにしたまま受渡口にトレーを取りに行ったのは確かだが、席に戻ってから口にした定食の味は、あまり憶えていない。拡げた文書を餃子のタレや唐揚げの油で汚すわけにはいかず、しかし箸を動かしながらも130件ほどの〝見えない不祥事〟の記録から目を離すことができず、トレーの横に紙束を置いてA4紙の束に目を走らせ続けた。

炭水化物と蛋白質と脂肪とがふんだんに含まれた定食の値段は、税込み８４２円。目の前にある82枚の文書のコピー代は、それよりも22円安かった。

◆「自衛隊ならクビですよ」

警察の未発表不祥事は大きな問題だとして、継続中のほかの取材をおろそかにすることはできない。しかし私は、その日訪ねたＮＰＯの事務所でほとんど取材を忘れ、スタッフを相手に監督上の措置への疑問を口に乗せ続けることになった。

市営地下鉄南北線の「北24条」駅は、札幌オリンピック前年の１９７１年に開業した。周辺はちょっとした繁華街になっており、道内最大の歓楽街ススキノ地区と同じく「屋外広告条例」の適用除外地区であるため、駅近くの建物にはスナックや居酒屋の大きな看板が多く並ぶ。ホテルやコンビニエンスストアなどに交じって昔ながらの酒屋や八百屋なども軒を連ね、歴史の浅い札幌にあってちょっとした下町の趣だ。ＮＰＯベトサダはその町を拠点にホームレスなどの自立支援活動を続けており、利用者を一時保護するシェルターにはほぼ毎日、何らかの理由で生活が立ち行かなくなった人たちが助けを求めて駆け込んでくる。警察に保護された人がそのまま送られてくることもある。

そのシェルターでは、１月３日早朝にその年初のＳＯＳを受けていた。地元の警察署から電話連絡があり、留置施設に保護している男性に行き場がないため、シェルターでその人の世話を引き受けるよう頼まれたのだという。

警察からの電話を受けたスタッフは、元自衛官の男性。苦手なパソコンと格闘しながら、「毎度このパターン。夜中でも早朝でも電話寄越して、『あとはよろしく』って」とぼやき続けていた。

「ほんと、警察から金貰いたいぐらいですよ。こっちは手弁当なんだから」

その警察では、前年だけで未発表不祥事が100件以上あった。1時間ほど前に知ったその事実を伝えると、キーボードを叩く音が止まった。

「ひき逃げ?・自衛隊だったらクビですよそれ」

上半身をこちらに向けてきた彼に、入手したばかりの文書を手渡す。請求すれば誰でも閲覧できる文書だ。誰に見せようと問題ない。2015年の『監督上の措置一覧』を受け取る元自衛官に「タマ失くしたってのもありますよ」と同年9月に記録されたケースを示すと、彼は「えっ」と目を剥いた。

処分内容　執行実包紛失事案/執行実包1発を紛失したもの。
処分年月日　H27．9．11
処分量定　所属長注意
所属　警察署
階級　巡査

「タマなんか失くしたら自衛隊にいられないですよ。クビにはならんけど、依願退職に持っていかれますよね」

「警察では『注意』です」

「これ、『所属長注意』ってどういう懲戒なんですか」

「懲戒じゃない。懲戒にするほどでもない『軽微な違反』っていうことです」

「はあ？　ていうか、こんな紛失事件あったかな。新聞だとかテレビでは……」

「出てません。今後も出ません」

「それは、警察が記者とかに言ってないってこと？」

「言ってない、言ってない」

この目か、と彼の顔を見て思った。つい先ほど、中華の定食に箸を運びながら、私はこんな目で紙束を見続けていたのか。

１時間ほどでＮＰＯの事務所を後にし、路線バスで『北方ジャーナル』編集部に戻った。年が明けたばかりの札幌はまだ路面の積雪がさほど多くなく、バスの揺れも大きくはない。走行中の車内で４色ペンを回しながら、改めて『監督上の措置一覧』に目を通して気になるケースを片っ端から頭に叩き込んだ。雑誌の締め切りまで、あと４日ほど。道警への「取材」はその日のうちに始めなくてはならない。警察情報センターで入手した文書について、今度は取材対応窓口の広報課に質問を寄せるのだ。

編集部に戻るなり、パソコンの電源を入れて独自の一覧表を作り始めた。バス車内で再確認した表から計23件をピックアップし、箇条書きで入力していく。30分ほどで作業を終え、電話の受話器を掴んで道警本部の代表番号をプッシュした。

「すいません、広報を」

「少々お待ちください」

電話の保留音『エリーゼのために』が流れ始める。何度聴いても、選曲の理由がよくわからない。2小節めの途中で音が止み、広報担当者が電話口に出た直後、私は用件を告げた。

「今朝『監督上の措置一覧』という文書を開示して貰ったんですが、その中のいくつかについてそれぞれの概要とか、発表の有無とかを知りたいんですが」

「では、今まで通りファクスで質問を送って貰えますか」

予想していた反応だ。道警広報への質問は、なぜかいつも文書で申し入れることになっている。それに対し、回答は口頭で伝えられるのみ。のちに何度か文書回答を得る機会が訪れることになるが、その時点ではほぼ100%文書質問・口頭回答という「ルール」があった。「ほぼ」というのは、それまで1度だけ職員への直接取材を認められたことがあったためだ。それは2011年4月、東日本大震災の被災地に派遣された警察官にインタビューを申し込んだ時だった。この打診にはたちまちOKの回答が届き、普段は決して認められない庁舎内の写真撮影まであっさり許可された。現地に入った捜査員たちの活動を記録した写真データまで提供された。

そんなことを思い出しながら、当時とは違う広報課職員の声に、私は答えた。

「わかりました。すぐ送りますので」

作ったばかりの一覧表を「別紙」として添えた質問状には、次の3つの問いを載せた。
1. 各事案の、具体的な内容。
2. 各事案の、報道発表の有無。未発表の場合、その理由。
3. 各事案に関し、監察官室への直接取材の可否。

回答期限は、2日後の1月6日とした。期限までに答えが届けば、締め切りにぎりぎり間に合う。監察官室への直接取材の許可は、99％期待していなかった。これは不祥事の取材であって、被災地の復興に汗するお巡りさんの「いい話」とはあまりに違う。

質問をファクス送信し終えてから再び机に向かい、壁に目をやると、時計の針は午後3時半を指していた。文書を入手してから、まだ6時間ほどしか経っていない。机に目を落とすと、2015年の『懲戒処分一覧』が目に留まった。道庁のロビーでざっと見ただけの一覧表だ。詐欺、文書偽造、飲酒運転、速度違反、万引き、盗撮、住居侵入、強制わいせつ……。

気づくと眼鏡を外していた。『一覧』に記録された「処分内容」は、監督上の措置のそれと同じく、各ケース僅か2行。小さな文字列を睨み続けるうち、右手が勝手に動いてペンを回し始めていた。

◆すべて未発表だった

翌日の午後、私は郊外の定食店でカツ丼を掻き込んでいた。店には「ザンギ丼」なるメニューもあり、直前までどちらにしようか悩んだ挙げ句の選択だ。またしても炭水化物、蛋白質、そして脂肪。ついでに、塩分もふんだんに含まれている。

糖尿病患者の私は、かかりつけの栄養士に「食べる順番」を指導されている。まず野菜、次いで肉・魚など、最後に主食を喰え——。丼ものでそれを実践するのは至難の業といえる。言いつけに従うことを最初から諦め、器の中身を順不同で胃に納め続けた。

ジーパンの尻に震動を感じ、箸が止まった。かの栄養士は私の携帯電話の番号を知らない筈だ。思わず周囲を見渡したものの、真昼の密かな背徳を知る来店客がそこにいるわけもない。箸を置いて尻ポケットからスマートフォンを取り出すと、画面に表示された発信者の名は「道警本部」だった。

電話を左手に持ち替え、空いた右手で味噌汁を啜ってカツ丼を食道に流し込む。画面上の通話ボタンに触れると、耳に男性の声が届いた。

「広報課です。どうもお世話になってます」

「お世話さまです」

「昨日ご連絡いただいた件、短いので今、電話でいいですか」

「ああ。はい、はい」

期限よりも1日早い回答。やはり口頭対応だ。足下に置いた鞄からA4判のノートを取り出し、4色ペンを右手に構える。

「1番めの『具体的な内容』ですが、これは『監督上の措置については公表していません』と、そういうお答えになります」

「はあはあ」

「2つめの『報道発表の有無』と『その理由』。これは『各事案とも報道発表はしていません』。理由としては『「懲戒処分の発表の指針」を参考に判断しております』と」

「はあ」

「3つめの『監察官室への直接取材』、これは以前から説明している通りで、『記者クラブに加盟していない方からの取材には、広報が一元的に窓口となって対応しています』ということで」

「ああ、ああ。今回も駄目っていうことですね」

「今回というか、いつも説明している通りですので」

「わっかりましたあー」

3分と経たないうちに通話は終わった。

右手のペンを胸ポケットに挿し、先端に溶き卵のかけらや茶色いパン粉がくっついた箸を持ち上げる。左手で丼を掴み、その姿勢のまま手元のノートに目を落とした。

各事案とも報道発表はしていません――。

ひき逃げ、横領、暴行、不正受給、速度違反、ストーカー行為、器物損壊、賭博、その他、その他、その他……。私が問い合わせた23件の法令違反は、すべて発表されていなかったというのだ。

警察官でない人たちが同じことをやっても、道警は同じようにその事実を伏せるのか？　それを調べる方法には、すぐに思い至った。

一度構えた箸を置き、再びスマートフォンを取り出した。インターネットで北海道警察のホームページを開き、画面左側にある「事件・事故速報」欄をタップする。前日・1月4日の事件・事故が12件掲載されているページを開くと、トップは「公然わいせつ被疑者の逮捕」という話題だった。容疑者は「自称団体職員の男（49歳）」だという。

強制わいせつの警察官は年齢・性別・職業不詳だった。しかし容疑者が団体職員の場合は、それらの個人情報が公開される。そういうことだ。

スマホ画面に目を戻す。そのすぐ下には傷害事件の記録があり、容疑者は「無職の男（31歳）」とされていた。その次が暴行事件で、容疑者は「自称会社員の男（52歳）」。1つおいて万引き事件、「自称無職の男（62歳）」。そして。

その日は札幌市内で「ひき逃げ」事件が起きていた。スマホの小さな画面には、4行にわたって事故の詳細が載っている。

北署は4日、札幌市北区内の道路において普通乗用自動車を運転中、普通乗用自動車に追突して30

歳男性に怪我をさせたにもかかわらず、救護の措置などを取らず現場から逃走した会社員の男（33歳）を過失運転致傷と道路交通法違反で逮捕した。

画面を「スクリーンショット」で保存し、スマホを再び尻ポケットに納めた。

警察官のわいせつ事件や傷害事件、暴行、万引き、ひき逃げなどは、いずれも報道発表されなかった。公文書開示請求で入手した記録では、彼らの氏名や年齢や性別が墨塗りされていた。事件の詳細は、2行ほどの記録に留まっていた。

警察官ではない人たちのわいせつ事件と傷害事件と暴行と万引きとひき逃げは、発生翌日にインターネットで不特定多数の目に晒された。そこでは事件の日時や場所、発生状況などが詳しく公開され、容疑者は職業と性別と年齢とを明かされた。おそらくは『報道メモ』も作成され、そこには氏名や住所まで明記されているだろう。

小学5年生だったか、6年生だったか。今から40年ほども前の冬、実家に空き巣が入った。まだ若かった両親と弟はのちに病没することになるが、その家族4人で外食に出た日の夜に事件が起きたと記憶している。仏間を物色していたらしい賊は、私たちが帰宅した直後に窓から逃げ出したようで、大きな被害はなかった。父親がすぐに110番通報すると、最寄りの警察署から大勢の刑事がやって来た。室内のあちこちから指紋を採り、窓外の足跡を丹念に辿り、両親に詳しい状況を訊き、私と弟には北海道訛りで「眠いべ。いいから寝ていいぞ」と声をかけてくれた。これが警察か、と思った。

同じころ、その自宅から200メートルほどの距離にある空き地で、20歳代の巡査が刺殺される事件が起きた。30歳を過ぎてこの商売を始めた私は、北海道警察学校の敷地内に建つ殉職警官の慰霊碑を取材する過程で、その巡査の事件を不意に思い出した。当時の新聞記事を探して名前を調べ、近所を訊き込んで遺族の居所を割り出した。別の区に移り住んだ遺族に何度か拒絶されながらもしつこく足を運び、結果としてその巡査の母親に話を聞くことができた。死地となった空き地で連続強盗犯を確保した彼は、犯人が左利きだったことを知らず、取り押さえた直後に首を刺されて絶命した。すでに退職していた彼の上司は、転勤のたびに異動先で彼の話をし続けたという。事件現場の至近距離にある幼稚園には、その人への感謝の言葉が多く残っていた。これが警察か、と思った。

その話を知る少し前、ホームレスの取材に熱中していた私は、路上で寝起きする人たちから折に触れてある警察官の名を聞かされていた。JR札幌駅の鉄道警察隊に所属していたというその人を悪く言うホームレスは一人もおらず、誰もが異口同音に「あれはいいオマワリだった」「よく弁当買って貰った」「金を貸してくれた」と懐かしく振り返っていた。鉄道警察に彼の居所を訪ねたものの対応を断られ、何週間か費やしてやっと自宅を突き止めた時、観念したようなその人は苦笑混じりにホームレスたちとの思い出を語ってくれた。潜入捜査でいくら変装しても必ず見破ってくるという「伝説のハコ師（車内スリ）」の逸話は印象的で、鉄道公安官が現在の鉄道警察として道警の地域課に組み込まれた時、地方の交番に異動した彼をハコ師がひょっこり訪ねて挨拶だけで帰って行ったという話に、私は我を忘れて耳を傾け続けた。これが警察か、と思った。

カツ丼は、まだ半分ほど残っていた。

30秒ほどでそれを平らげ、やはり半分ほど残った味噌汁で「ニフェジピン」と「シグマート」という2種の薬を咽喉に流し込む。37歳で狭心症の発作に襲われて以来、死ぬまでその薬が手放せなくなった。これとニトロ錠があれば、当面発作の心配はない。

空き巣の捜査に骨を折ってくれたのは、強盗犯に刺され若くして殉職したのは、ホームレスの間で伝説になっていたのは、みな1人の警察官だった。彼らの同業者が昨年、わいせつ事件や傷害事件、暴行、万引き、ひき逃げ事件などを起こしていた。それらが一切発表されなかったことを、あの警察官たちならばどう思うだろうか。

氷点下の屋外に出て、ショートピースに火を点ける。狭心症の薬の効果を打ち消して、プラスマイナスゼロ、あるいはややマイナス。自覚しつつ、その1本を根元まで喫い続けずにはいられなかった。

◆不祥事全件、詳細は藪の中

1月15日発売の『北方ジャーナル』2月号に、私は全5ページの記事を寄せた。タイトルは「北海道警〝見えない不祥事〟年間132件の唖然」。最後のページには原田宏二さんのコメントを長めに採録し、さらに「保存版」と銘打って前年の『監督上の措置一覧』と過去6年ぶんの『懲戒処分一覧』を9ページにわたり採録した。入手を希望する読者には無料で全データを提供する、との呼びかけも添えた。

改めて道警の広報に取材打診の電話を寄せたのは、その2月号が店頭に並ぶ前日のこと。トップの室城信之本部長が同日付で異動し、北村博文氏が新本部長に着任するという新聞報道に接したのがきっかけだった。

「新聞読んだんですけど、本部長が今度代わるそうで、その着任会見に参加することは可能でしょうか」

着任会見では、たぶん「記者クラブ」の面々から新たなトップの人となりを尋ねる質問が飛び交うことになるだろう。クラブ非加盟者の雑誌記者がそこに加わり、前年に大量の未発表不祥事があったことについて問うと、どうなるか。

不穏な想像を巡らせる私の耳に入ってきたのは、参加不可の回答だった。

「それはちょっと、無理ですね」

歯切れのよい爽やかな声。

「参加を申し込むこともできない？」

「できないですね」

私の手元には北海道警が作成した『報道連絡要領』という資料がある。道警の報道対応のルールを定めたものだ。2012年3月に作られたその通達には、次のような1文があった。

記者会見については、雑誌社等の非加盟社であっても、可能な限り参加できるよう適切に対応すべきである

文言にいう「非加盟社」とはつまり、警察の「記者クラブ」に加盟していないメディアのこと。雑誌の記者やフリーライターでも会見には参加できることがあると、その通達は言っているのだ。電話口で私は、その文言を読み上げた。

「……ということになってますよね」

「ええ。ただそれは飽くまで、その都度その都度検討するということで」

「今回は駄目と」

「今回は飽くまで記者クラブ向けということで」

「いつなら参加できるか、どうすればわかるんですか」

「ですから飽くまで、その都度その都度」

「その『都度』がいつ訪れるかは事前にわからないですよね。告知されない限りは」

「ですから飽くまで、その都度その都度ということで」

飽くまで爽やかな語り手との対話を諦め、電話を切ってすぐに別の番号を回す。脳内にはすでに別の目的が生まれていた。記者会見参加が無理なら、個別のケースを1つ1つ調べていくしかない。

昨年の懲戒処分のうち、報道発表されたケースの多くは刑事事件として捜査されていた。その中に、

すでに裁判が終わって執行猶予判決が確定している事件が１つある。前年秋の『道新』で読んだ、落とし物の現金を騙し取った巡査の事件。その詳細を、私は知りたかった。

「札幌地方検察庁でございます」

「確定記録の閲覧を申し込みたいんですけど」

その裁判を、私は傍聴できなかった。だが記録を閲覧することはできる。刑事裁判の記録は裁判所ではなく検察庁で保管されることになっており、申請すれば誰でも閲覧できることになっている筈だ。

電話口に出た担当者に事件の概要を告げると、相手は不思議そうに尋ねてきた。

「それで、裁判の当事者とはどういったご関係で」

「第三者ですね」

「はあ。これ、どういう目的で閲覧を」

「言う必要あるんですか」

「いえ、あの。参考までに」

閲覧の目的を告げる義務はない。しかし検察は、ほぼ必ずそれを尋ねてくる。

「取材です」

「取材。記者さんですか」

「まあそうですね」

もちろん、職業を告げる義務もない。検察は毎回のように尋ねてくるけれど。

結局この時は記録の扱いが確認できず、折り返しの連絡があったのは翌日のことだった。

「ご希望の確定記録なんですが、まだ裁判所からこちらに届いてないんですよ」

「えっ。それはいつごろ届くもんなんですか」

「まあ、おおむね1、2カ月というところなんですが、一概には」

「まだ裁判所にあるっていうことですか」

「そうですね。なので、どうしても閲覧したい場合は裁判所で閲覧するという方法もあるのではないかと」

電話を切るや否や、札幌地方裁判所の番号をプッシュする。

「すいません、刑事1部の3係という所を」

「少々お待ちください」

保留音は『グリーンスリーブス』。由来は、やはりわからない。

「お電話代わりました」

「えー、検察に確定記録の閲覧を申し込んだら、まだそちらにあるようなことを聞いたもんで」

「どんな事件でしょうか」

事件番号と被告人の氏名を告げると、検察と同じ反応が返ってきた。

「どのようなご関係で」

「関係ないです。第三者」

「あー、そうですか。少々お待ちください」

ひときわ長い保留音の後、毅然とした声が受話器に響いた。

「細かい内容についてはお伝えできませんが、速やかに手続きを進めているところでございます」

「おおむねどれぐらい時間かかるんですかね」

「そういうことは公表しておりません」

「検察の人に『裁判所で閲覧してはどうか』みたいに言われたんですけど」

「刑が確定しているので、検察庁で閲覧していただく形になります」

「裁判所では閲覧できない?」

「記録はこちらにありますが、閲覧は飽くまで検察に引き継いでからということで」

「これ、いつごろ引き継がれるかというのはまめに確認し続けるしかない、ということなんですかね」

「また検察庁に訊いていただくしかないですね」

電話を切り、手元の『懲戒処分一覧』に目を落とす。不祥事の記録は、1件あたり僅か2行。うち1行は「タイトル」のようなもので、各ケースの概要は残り1行にまとめられているのみだ。警察官の氏名と生年月日、採用年月日、所属部署や警察署などは黒く塗り潰されている。

公開で行なわれた裁判の記録は、閲覧は可能だがコピーは不可で、その閲覧自体が何重もの壁に阻まれている。

不祥事の処分を決め、何件かを事件として捜査した警察は「非加盟社」の直接取材に対応せず、公式な記者会見への参加も認めない姿勢を貫いている。

気づくと右手の上で4色ボールペンを回していた。2行ずつの箇条書きで記録されたひき逃げや強制わいせつや横領や暴行が、回転するペンの下にちらちら見え隠れしている。何度見ても2行は2行。どんな警察官が、いつ、どこで、誰を相手にひき逃げをし、どう捜査されたのかは、まったくわからないままだった。

◆掩護射撃を得て、さらなる請求へ

12月には部分的に道を覆っているだけだった雪も、1月下旬ともなると足首ぐらいまで積もることになる。気温は氷点下。そういう季節に北海道民は部屋の暖房をめいっぱい稼働させ、冷えたビールを飲むのだ。アイスクリームを食べることさえあるのだ。

無機的な2行の裏に隠れた事実に半歩も近づくことができず、読者の反響も期待ほどには得ることができず、毎晩のように自宅で泥酔していた私はその夜、思わぬ援軍の登場でさらなる酩酊を重ねることになった。新聞のテレビ欄で告知を目にするや否や、カミさんに連絡して録画予約を頼んだのは、地元民放局・北海道テレビ（ＨＴＢ）の夕方のニュース。帰宅後、右手にリモコン、左手にビールを握り締め、瞬きもせず画面を見つめ続けた。

キャスターを正面から捉えた映像の下端に、ゴシック体で「発表されない不祥事 処分は妥当か」

のテロップ。背後のモニターには、「監督上の措置」の文字が配されていた。放映日の1月28日は、『北方ジャーナル』発売のちょうど2週間後。HTBの誰かが私の記事を見て道警に公文書開示を請求し、『監督上の措置一覧』を入手したことはほぼ確実だった。画面にはキャスター自ら道警本部に赴く様子が映し出されている。さらに私も取材した原田宏二さんがスタジオで同局のインタビューに応じ、道警の発表姿勢に批判的なコメントを寄せていた。

冷えたビールが、手の温度でみるみる温まっていく。体温を奪われたせいなのかどうかはわからないが、猫背の私は終始細かく震えながら必死で画面に両目を固定し続けていた。

夕方のニュースの視聴者がどれぐらいの人数に上るのか、私にはわからない。とはいえ、地方月刊誌の読者よりも多いことは確かだ。局は、需要があると判断してニュースにしたのだろう。警察官がひき逃げや強制わいせつをし、その発表を逃れているという事実に、やはり多くの道民は関心を寄せるのだ。少なくとも、テレビ局はそう判断したのだ。

この時点では明確に決めていなかったが、未発表不祥事を掘り起こして開示文書を検証する作業を、私はそれから1年以上も続けていくことになる。「2行の裏」を知る手段も、ほどなくあきらかになった。

道警には『処分説明書』という文書がある。名の通り、懲戒処分の概要を説明する書類だ。1件につき1枚作成され、不祥事を起こした警察官に渡される。これの存在を、私はしばらく忘れていた。正月に道警のサイトでみつけた『北海道警察職員懲戒等取扱規程』をよく読めばすぐに気づいた筈なのだが、その時は監督上の措置という〝見えない不祥事〟に目を奪われ通しで、処分に伴って作られる文書に目を留めるには到っていない。

この『説明書』を手に入れれば、『一覧』の2行の裏に隠れた各ケースの詳細を知ることができるのではないか——。時間を置いてそれを思い出したきっかけは、全国の警察への開示請求だった。

HTBニュースが放映される1週間ほど前、私は北海道を除く46都府県の警察本部と中央官庁の警察庁に宛て、一斉に文書開示請求書を郵送していた。道外の警察と道警とで不祥事の発表方法がどう違うのか、文書を通じて知りたいと思ったためだ。求める文書を記す欄に、前年1年間の「懲戒処分と監督上の措置の概要がわかる文書」と書いて送ると、何カ所かの県警から電話連絡を受け、次のような説明を聞くことになった。

「うちでは『一覧』を作成しておりませんので、事案ごとの『台帳』を開示することになりますが」

のちに入手したそれは、全件2行にまとめられた道警の『一覧』とはまるで異なり、不祥事の概要を詳しく記録したものだった。その1つ、青森県警が開示した『懲戒処分台帳』には、たとえば次のような説明が載っている（伏字は同県警、以下同）。

被処分者は、

1　平成26年[redacted]届出の建造物侵入並びに窃盗被疑事件に関し、同年7月中旬ころ、真実は同事件現場の写真撮影をしていないのに、行使の目的をもって、他の現場写真12枚を添付した捜査報告

書を完成させ、もって虚偽公文書1通を作成、さらに同年7月下旬ころ、同報告書を決裁に提出して行使し、

2　平成25年8月ころから平成26年12月2日までの間、複数回にわたり、[redacted]署で保管されるべき捜査報告書等8通を自宅に持ち帰り、そのまま放置して隠匿し、もって公務所の用に供する文書を毀棄し、たものである。

　捜査書類を偽造し、また破棄したという不祥事だ。これだけで道警の「2行」をしのぐ充分に具体的な説明といえるが、さらに関係者の感情に踏み込んだ記述もあった。群馬県警が開示した文書には、セクハラ被害者が「思い悩んだ」との記録が残っている。

[redacted]巡査部長は、平成26年9月、東京都内において、女性職員A・同Bの腕や髪を触るなどしたほか、同年11月、高崎市内において、女性職員Cにキスするなどして、同職員等を思い悩ませた。

　もっと詳しく記録していた県警もある。和歌山県警で減給処分を受けた巡査長の『処分説明書』には、不祥事を起こした日時が分単位まで記録されていた。

被処分者は、

第1　平成27年10月16日午後10時24分頃、和歌山市内のパチンコ店店内において、女性店員（当時[redacted]歳）に対し、同人のスカート内の下着を撮影する目的で、動画撮影機能付き携帯電話機を同人のスカートの下に差し入れ、動画を撮影し

第2　平成27年10月20日午後4時31分頃、和歌山市内のパチンコ店店内において、女性店員（当時[redacted]歳）に対し、同人のスカート内の下着を撮影する目的で、動画撮影機能付き携帯電話機を同人のスカートの下に差し入れ、動画を撮影したもの。

不祥事の内容、日時、場所などが、はっきりとわかる。道警の『一覧』とはケタ違いの情報量だ。

これら全国の警察への開示請求の結果は、文書が出揃った4月上旬にまとめ、同中旬発売の『北方ジャーナル』5月号で記事化した。開示請求から記事掲載までに3カ月ほどの時間が空いたのは、いくつかの県で文書開示決定に要する期間が延長されたためだ。最速の石川県警は請求から5日で開示が決まったが、埼玉県警は決定までに57日、東京の警視庁は60日を費やしている。そのさなかに『処分説明書』の存在を思い出した私は、全国のデータをまとめる作業と並行して道警へのさらなる開示請求を重ねることになった。

「2行」の裏に隠れた事実が、『説明書』に記されている筈だからだ。

◆「存在しない文書」を請求

その日は朝から札幌地方裁判所の「傍聴券」抽籤の列に並び、2年前に札幌市内を騒がせた「連続ガスボンベ破裂事件」の公判を傍聴していた。警察の未発表不祥事に関心を寄せる少し前、私はこの事件の現場をウロウロ歩き回り、何本かの記事を書いている。その裁判は、ぜひとも傍聴しておかなくてはならなかった。

札幌の冬は終わり際がしつこく、3月上旬はまだまだ真冬。「第一ゴム」の長靴を履き始めてからもう4カ月が過ぎている。地下鉄「西11丁目」駅を出ると、春には程遠い冷気がまともに顔にぶつかってきた。かつて「札幌軟石」の採石場だった南区の石山地区と都心とを結ぶ「石山通」には、通勤の車や業務用車輌がすでに何台も行き交っている。少し南に目を向けると、幅の広い道と交差するレールの上を緑色の市電がゆっくり走っていた。大通公園を挟んでその反対側に建つ裁判所庁舎では、正門わきにある「傍聴券交付情報」の掲示板が融け残った雪に埋まり、下端3分の1ほどの注意書きが読めなくなっていた。

午前10時少し前。「激発物破裂」という珍しい罪名で起訴された被告の女性（53）＝当時＝が、53人が掛ける傍聴席の最前列に私の姿をみつけ、軽く会釈をしてくる。その2週間ほど前、勾留中の札幌刑務支所（女子刑務所）面会室で顔を合わせたのが初対面だったが、そこに至るまでの2年弱、私は刑務支所に通ってその人に「差し入れ」を続けていた。

本書の前半で、痴漢検事の「勾留請求却下」に触れた。容疑を否認する被告への「勾留請求」を、横浜の裁判所は認めず、痴漢検事は身柄を拘束されずに済んでいた、という話だ。一方、札幌でボンベ事件の犯行を疑われた一介の主婦は、弁護人の再三の求めにもかかわらず裁判開始まで2年もの間、自由を奪われ続けていた。さらには親族とも面会を許されない「接見禁止」命令が加わり、冤罪主張の声を発信する機会を完全に断たれた。事件に関する情報は捜査側の警察・検察だけが一方的に伝えることになり、捜査される側の言い分は活字にもならず電波にも乗らない。どうにかして被告の主張を大きく伝えたいと考えていた私は、接見禁止の根拠となる刑事訴訟法第81条の条文に次の文言をみつけ、細い糸に賭けることにした。

（前略）但し、糧食の授受を禁じ、又はこれを差し押えることはできない。

「糧食の授受」とはつまり、食べ物をやり取りすること。要は、差し入れだ。面会や文通は許されないが、「差し入れ」はできる――。これを実践すれば、どこの誰とも知れぬオッサンによる「あなたの言い分を聞く用意がある」というメッセージを受け取って貰えるのではないか。そう考え、折に触れて刑務所指定の売店から軽食などを差し入れ続けた結果、2年後の公判開始とともに接見禁止が解けた時、被告から自宅に手紙が届いたのだった。2月19日に始まった面会は、以後の実刑判決・控訴を経て、一審判決確定後の現在も続いている。

被告席からの会釈を受けた日は、午前中に公判が結審、検察側の「懲役20年」という求刑で正午過ぎに裁判は幕を閉じた。改めて「私はやっていません」と訴える人のグレーのスーツ姿を網膜に焼きつけたまま、裁判所を後にして道警本部を目指す。ロードヒーティングの施された裁判所前の歩道に積雪は僅かしかなかったが、交差点を渡った先に歩を進めるとゴム長靴の底が厚い雪をきしませた。

ひき逃げや強制わいせつをしたことが確実な警察官たちは、世間にその事実を知られずに済んでいる。ボンベ破裂を疑われて冤罪を主張している主婦は、警察に名前と年齢と自宅住所を晒された上、2年間にわたって社会から隔離された。

被告席に立つその人の背すじは、最後までぴんと伸びていた。猫背で歩く私の脳内からは、道警の銘板が目に入るころになってもその映像が消えなかった。

「お疲れさまですぅー」

脳内の映像をかき消す「すぅー」の語尾。その年、警察情報センターでその声を耳にするのは、3月になったばかりの時点でもう何度めになっただろうか。

1カ月ほど前に問い合わせていた文書の存在の有無が、ようやくあきらかになったという。ほかでもない、懲戒処分となったひき逃げ事件と、監督上の措置になったひき逃げ事件とに関わる書類だ。それぞれに『処分説明書』があるかどうか、同じく事件の捜査を記録した書類があるかどうかを、私は知りたかった。

「えー、懲戒のほうの『処分説明書』と『事件指揮簿』などはあるので、開示請求できます。監督上の措置のほうは、どちらも不存在ということになりますが、どうしますか」

ごくさらりと言い渡され、「えっ」と訊き返すのが精いっぱいだった。

「存在しない？ 処分の記録も、捜査の記録も？」

『監督上の措置一覧』に「ひき逃げ」と明記されている不祥事の記録が、一切存在しない。担当者はそう言っている。説明によれば、監督上の措置の場合は懲戒処分の『処分説明書』にあたる文書の控えを保存しておらず、原本を当事者に渡すだけ、ということだった。作ったそばから交付してしまうため「存在しない」ということになるらしかった。

「……存在しない？ 本人に渡しっぱなし？」

「はいー」

「……控えを保存してないと」

「はいー」

「……」

「……」

「……で」

「はいー？」

「で、『処分説明書』だけでなく、捜査の記録も存在しないというのは……」

「そーれは、わからないんですよねー。理由まではこちらではちょっと」

処分の記録が存在しないのは「控えを保存していない」ためで、捜査の記録が存在しない理由は「わからない」。説明の意味が瞬時に理解できず、言葉に詰まる。

「……あの、『一覧』に『ひき逃げ行為をし、相手に負傷を』って書いてますよね。警察はそれを捜査してないっていうことなんですか」

「うーん。どういう事情なのかはちょっと」

「わからない？」

「はいー」

「……」

「……」

「……じゃあ」

「はいー？」

「じゃあ、『監督上の措置一覧』が間違ってるということなんですかね」

「いえ、それはないと思うんですけどねー」

さらなる混乱。脳の動きが追いつかない。

請求しても文書が開示されない、ということだけはわかった。その場合、開示請求は無駄ということになる。私はもう、無駄をやってみるしかないと思った。「不存在」と明記された『公文書不存在通知書』を受け取ってみたいと思った。

「とりあえず両方とも請求します」

「そうですか。請求されること自体は問題ありませんので」

この時、懲戒処分のほうのひき逃げで請求した文書は、『警察本部長事件指揮簿』、『交通事故事件簿』、『重要特異交通事故発生報告書』、及び監察官室の『処分説明書』。監督上の措置のほうも同じ物を請求し、処分の記録については「懲戒処分でいう『処分説明書』にあたるもの」という言い回しを使った。

「今日がええーっと、3月2日ですので」

担当職員が机上のカレンダーを指でなぞり、開示決定見込みの時期を示す。

「16日に決定書をお送りして、17日までにご自宅に届いたとして、早くて18日ということになりますね。次の日から三連休なので、18が難しければ22日以降に」

通知は、雪が解ける前に手に入りそうだった。

◆「車をずらしましょう」と持ちかけ、逃走

窓口の見込み通り、決定通知は3月17日に届いた。これも窓口の予想通り、懲戒処分のひき逃げ事件の記録はすべて「一部開示」が決定した一方、監督上の措置のひき逃げ事件の文書はすべて「不存在」とされた。開示が決まった文書を受け取りに赴いたのは、春分の日を含む三連休が明けた火曜日

の午前。未発表のひき逃げ2件のうち1件の詳細を知ることになった私は、文書入手直後にその内容をツイッターに投稿している。

北海道警察本部。警察官によるひき逃げ2件のうち、1件については本日、概要が開示された。事故でパニックになりつい逃げてしまった、とかではなく、事故の相手に車をずらすよう促し、その隙に逃走。加えて信号無視。これで減給1カ月（1／10）。

投稿には、『警察本部長事件指揮簿』の一部を撮影した写真も添えた。直後から見知らぬ人たちの「リツイート」が相継ぎ、「短すぎる」「懲戒免職にならないのは何故?・」「俺も警察官になろうかな」などのコメントがついた。投稿に否定的な、つまり警察の処分を是とするコメントは1つもなかった。

「2行の裏」が、ようやくあきらかになった——。

『報道メモ』や道警の公式サイトで積極的に公表される一般市民のひき逃げとは異なり、警察官によるひき逃げの概要は2度にわたる公文書開示請求を経てやっとあきらかになったのだ。2件のうち1件だけだが。

入手した『処分説明書』や事件の『報告書』などによると、未発表のひき逃げ事件が起きたのは2014年12月25日。クリスマスの日の午後5時ごろだった。

＊

札幌市内の警察署に勤める巡査が、市内の自宅から同中央区のパチンコ店に出かける途中、同区内のコンビニエンスストアに立ち寄った。歓楽街ススキノの南端、音楽ホールなどがある緑地「中島公園」にほど近い、片側2車線の市道に面している店だ。目的地のパチンコ店が札幌市中心部にある店舗だとすると、立ち寄ったコンビニには左車線から出入りできる。巡査の車輌は、おそらく私物の日産エクストレイル。乗っていたのは本人のみ。冬季間とて、前後輪ともスタッドレスタイヤを着けていた。

私は自動車の運転免許を持っていない。「エクストレイル」がどんな車輌なのかをまったくイメージできなかったため、スマートフォンで日産の公式サイトを閲覧してみた。見たところで「5人乗りの大きな乗用車だな」ぐらいの捉え方しかできないのだったが。

そのエクストレイルに乗った巡査がどういう用事でコンビニを訪ねたのかは、今もって不明だ。同店の運営本部は私の取材申し込みに「お答えできない」と回答、店内外の監視カメラが彼の姿を捉えていたかどうかも「過去のことなので確認できない」という。別の件がきっかけでわかったことだが、コンビニと警察とは強い協力関係にある。ある事件で、監視カメラ映像が警察に提供された日時を道警とコンビニ本部の双方に質したところ、両者の回答した日付がまったく異なっていたことがあった。コンビニ側は事件発生直後に任意で提供していたと言い、警察側はもう少し遅い時期に『捜査関係事項照会書』を示した上で提供を受けたと言ったのだ。どちらかが、嘘をついていることになる。ともに、嘘をつかなければならない理由があるのだろう。

ともあれ巡査は用を済ませ、店の駐車場で車に乗り込んだ。目の前の車線ではなく、センターラインを挿んだ対向車線に進入すべく、右折発進を試みる。まず片側2車線の最も手前の車線（右方第1車線）を確認したところ、右側から来る先頭車が道を譲るように停止した。次いで対向車線を見ると、折よく左側から来る車輌の姿がない。そこで巡査は、左側に視線を固定したまま車輌を駐車場から出して右折した、もう1つの車線（右方第2車線）を確認せずに。

札幌南警察署の交通2課が作った『事件指揮簿』には、こうある。

右方から来る車両はないものと軽信し、左方を見て右方の安全確認を怠ったまま漫然と発進したため、右方第2車線を進行してきた相手当事者に気付かず、自車右前部を相手車両左前部に衝突させたもの。

警察本部の交通捜査課が作った『重要特異交通事故発生報告書』によれば、この時のエクストレイルの速度は「10km／h」、相手方の速度は「0km／h」。相手車輌は、巡査の車を確認して停止したところだったのだ。そこに乗っていたのは計3人。結果的にそのうち2人が、頸椎捻挫で2週

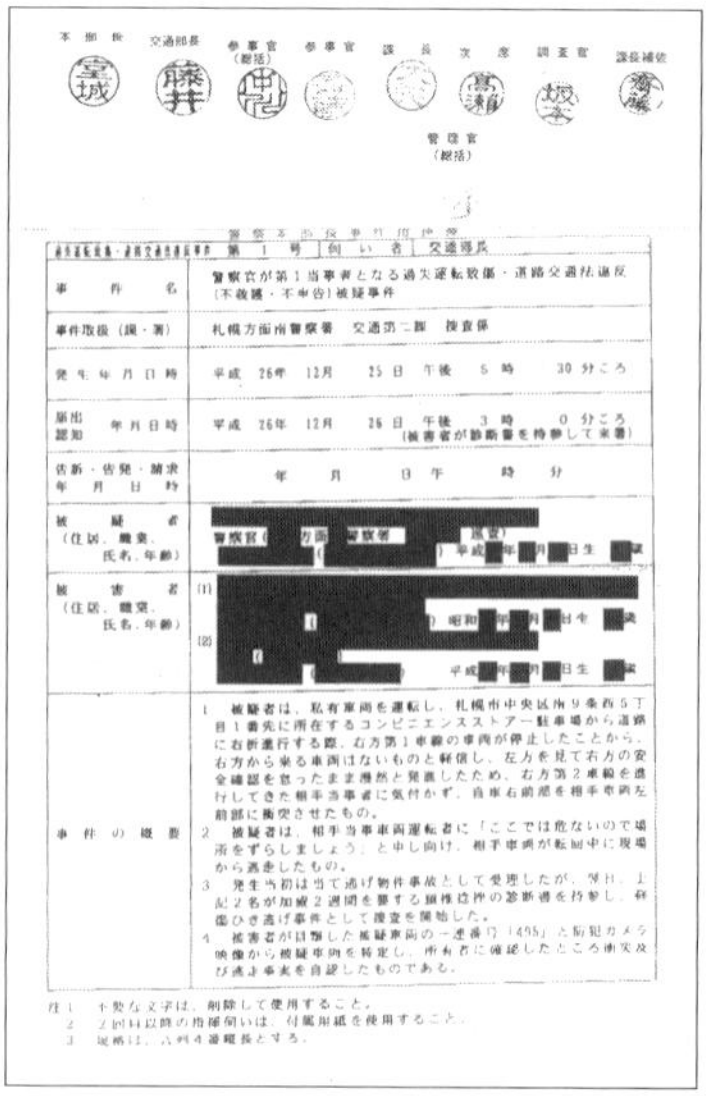

本部長　交通部長　参事官（総括）　参事官　課長　次席　調査官　課長補佐

管理官（総括）

警察本部長事件指揮簿

過失運転致傷・道路交通法違反事件 第1号	伺い者　交通部長
事件名	警察官が第1当事者となる過失運転致傷・道路交通法違反（不救護・不申告）被疑事件
事件取扱（課・署）	札幌方面南警察署　交通第二課　捜査係
発生年月日時	平成 26年 12月 25日 午後 5時 30分ころ
届出認知　年月日時	平成 26年 12月 26日 午後 3時 0分ころ（被害者が診断書を持参して来署）
告訴・告発・請求 年月日時	年 月 日 午 時 分
被疑者（住居、職業、氏名、年齢）	[redacted] 警察官（[redacted]方面[redacted]警察署[redacted]巡査）[redacted]（[redacted]）平成[redacted]年[redacted]月[redacted]日生 [redacted]歳
被害者（住居、職業、氏名、年齢）	(1) [redacted]（[redacted]）昭和[redacted]年[redacted]月[redacted]日生 [redacted]歳 (2) [redacted]（[redacted]）平成[redacted]年[redacted]月[redacted]日生 [redacted]歳
事件の概要	1　被疑者は、私有車両を運転し、札幌市中央区南9条西5丁目1番先に所在するコンビニエンスストアー駐車場から道路に右折進行する際、右方第1車線の車両が停止したことから、右方から来る車両はないものと軽信し、左方を見て右方の安全確認を怠ったまま漫然と発進したため、右方第2車線を進行してきた相手当事者に気付かず、自車右前部を相手車両左前部に衝突させたもの。 2　被疑者は、相手当事車両運転者に「ここでは危ないので場所をずらしましょう」と申し向け、相手車両が転回中に現場から逃走したもの。 3　発生当初は当て逃げ物件事故として受理したが、翌日、上記2名が加療2週間を要する頸椎捻挫の診断書を持参し、負傷ひき逃げ事件として捜査を開始した。 4　被害者が目撃した被疑車両の一連番号「495」と防犯カメラ映像から被疑車両を特定し、所有者に確認したところ衝突及び逃走事実を自認したものである。

注1　不要な文字は、削除して使用すること。
2　2回目以降の指揮伺いは、付属用紙を使用すること。
3　用紙は、A列4番縦長とする。

間の治療を受けることになる。被害車輌は、左のフェンダーが凹む被害を受けた。

衝突の直後、巡査は相手の運転手に「ここでは危ないので車をずらしましょう」ともちかけた。運転手がそれに従って車を移動させようとした隙に、巡査は逃走をはかる。監察官室の『処分説明書』には「赤信号のまま逃走」と記録されていた。巡査は職場にこの事故を報告せず、翌日午後に被害者が札幌南署を訪問したことで事件が発覚、コンビニの監視カメラ映像から一部始終が露見した。

相手を騙し、信号無視をしてまで現場から逃げた巡査の心理は、どう捉えたらよいだろう。それに近づく手がかりがあるとすれば、たとえば相手車輌の車種。複数の文書の記録をまとめると、それは日産シーマ、平成13（2001）年式だったことがわかる。ナンバーは同じ数字が並ぶ2桁、つまりゾロ目だ。

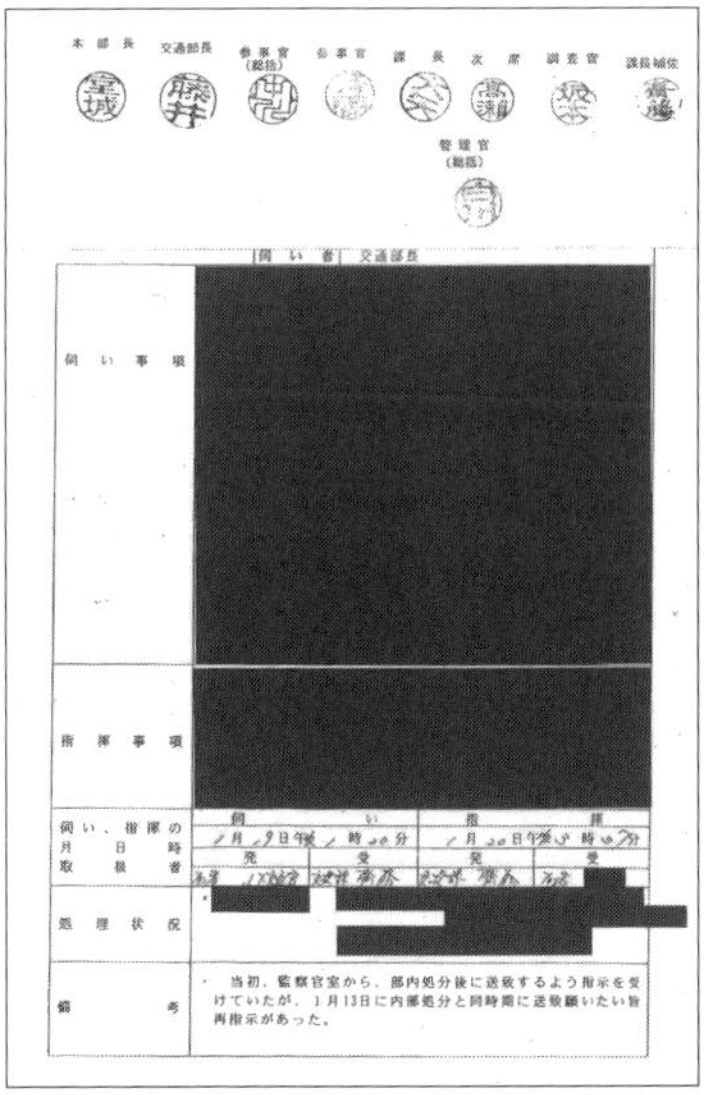

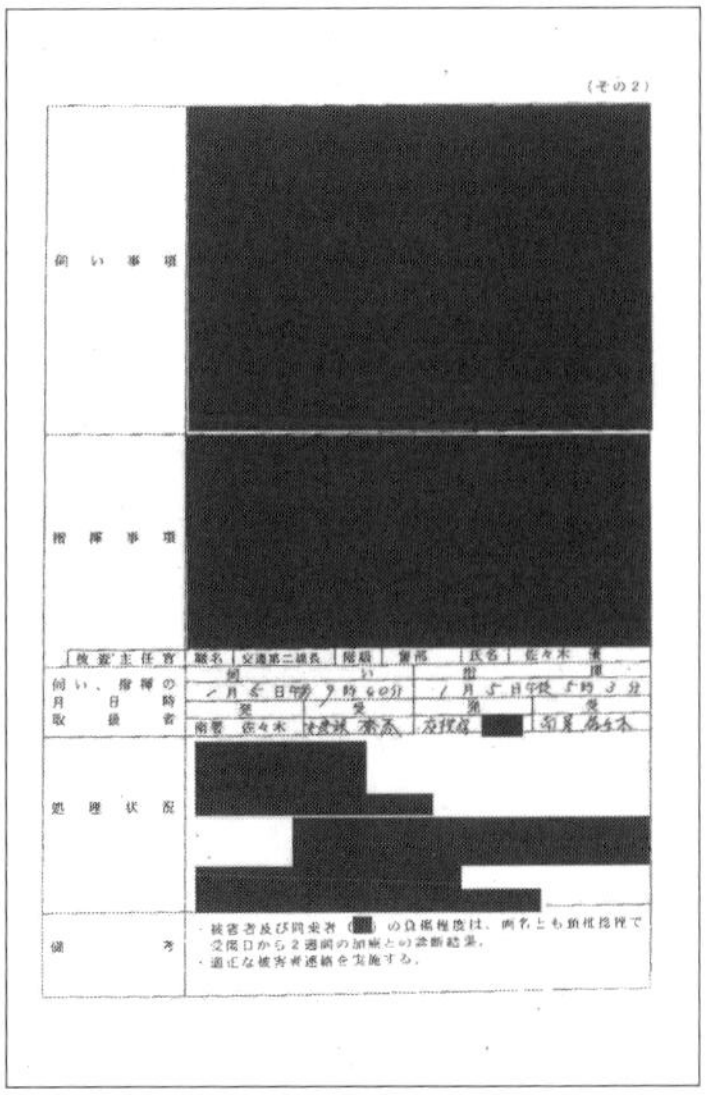

事故現場は、札幌の中でも暴力団の事務所などが割と多くある地区からそう遠くない。怪我をした2人は翌日に診断書持参で警察を訪ねたというから、事故から1日経たないうちに病院でそれを作って貰ったことになる。あくまで想像だが、事故当時の巡査への対応にもある程度プレッシャーを伴う言動があったのかもしれない。

しかし、だとしたら逃げてもよいのか。「車をずらしましょう」とごまかしてよいのか。信号無視をしてもよく、かつ事故の事実を職場に報告しなくてもよいのか。

文書を入手してから、何度か現場周辺を訪ねた。時速10キロの接触事故というのはあまり印象に残らないものなのか、目撃談は未だに耳に入ってこない。先のコンビニ運営本部でも、担当者がなかなか事故を思い出せなかったほどだ。加えて、私は「取材力」に欠けている。事件や事故の現場周辺を歩いて近隣の呼び鈴を鳴らし続ける取材は「地取り取材」と呼ばれるが、発生後またたく間に目撃者の証言や知人のコメントを入手していく新聞・テレビの記者たちとは対照的に、私の地取りはいつも効率が悪く、それなりの情報を集め終えるころにはとっくに「旬」が過ぎ去っていたりする。

文書を入手した日から半年間ほどにわたり、私のシャツの胸ポケットには2つに畳んだ小さなメモ用紙が入ったままだった。ボールペンの殴り書きで「シーマ」「左前輪フェンダー凹損」と記されたメモと、横長の長方形をナンバープレートに見立てた絵。その地区に赴く機会があると、自転車あるいは徒歩でひと通り界隈を見て回る。駐車場があれば1台1台ナンバーを確認し、溜め息をついては別の駐車場に赴き、車道を走る車の前後部を目で追いかける。1時間もすれば飽きてきて、脳裡に浮かぶ生ビールの映像に意識を奪われ、自宅あるいは居酒屋さんの方角に足を向けることになるのだったが……。

＊

警察情報センターで入手した文書は、Ａ４判のザラ紙7枚。何度かコピーを重ねられたと思しいぼんやりした書体が並ぶそれには、車のナンバーや被害者の怪我の程度、現場付近の見取り図、当日の天候などが詳しく記録されていた。『事件指揮簿』の表題は「警察官が第1当事者となる過失運転致傷・道路交通法違反（不救護・不申告）被疑事件」。その『指揮簿』には「ひき逃げ事件として捜査を開始」と明記されていた。

その事件が一切公にされず、巡査の処分（減給1カ月）も発表を逃れたのは、何度も述べた通りだ。

◆出向中、道外で起こした事件だった

もう1つのひき逃げに至っては、事件の記録も処分の記録も「存在しない」。後日、改めてそれに言及したのは、私ではなく情報センターの担当職員だった。

「監察のほうからですね、事故の記録の『不存在』理由を伝えてくれって言われてましてー」

「はあ」

「対象職員が道外に退職出向中に起こした事故らしいんですよー」

「退職出向?」

北海道警の警察官が道外の警察に出向し、その出向先でひき逃げ事件を起こした、ということらしい。事件の捜査にあたったのが現地の警察だったため、道警には捜査の記録が残っていない、ということらしい。

「ま、それ以上の詳しいことは監察に訊いてくれっていうことで」

「はっはあー」

「あと、処分説明の文書が『不存在』なのは、前も説明したように本人に渡したっきり保存してないということで」

「はああー」

「ま、それ以上の詳しいことが必要であれば監察に……」

開示の窓口に持参した『不存在通知書』を改めて確認してみると、「担当部課等」という欄に「警務部 監察官室」とあり、内線番号が載っていた。

その時すぐに監察官室に電話をかけなかったのは、地下鉄とバスを乗り継いでそこから5キロほど離れた女子刑務所を訪ねる約束があったためだ。ガスボンベ事件の被告と面会し、数日前に発売された『北方ジャーナル』の独占インタビュー記事への感想を聞いておかなくてはならなかった。

「私、控訴するって言ってましたっけ。記事見て『あれ』って」

畳2帖ほどの広さの面会室で、黒いトレーナー姿の被告女性が首を傾げる。眼鏡をかけた小柄な女性刑務官が傍らでメモをとり続けているが、無表情を貫くその人が何を記録しているのかはまったくわからない。

「前回、帰りがけに訊いたら、そうおっしゃってたもんで」

「そうでしたか。いえ、控訴はするんですけど、直前まで伏せておくつもりだったので」

「あー、書いちゃいました」

「ええ、書いちゃったものは仕方ないですね」

与えられた30分間のうち、25分ほどは雑談に終始した。懲役18年の実刑判決言い渡しから10日以上が過ぎており、この2日後までに控訴の手続きをしないと刑が確定してしまう。そんな緊張感はまったく感じられず、目の前の人はほがらかな声音で「明日は面会に来ますか」などと尋ねてくる。思わずこちらの声が大きくなった。

「事件、やってないんですよね。控訴申し立て、期限に間に合わなかったら終わりですよ。受刑者になっちゃいますよ」

30分きっかりで面会を終え、みかんの缶詰とポテトチップス、グレープジュースなどの差し入れ手続きをする。併せて被告女性に頼まれていた書類を差し入れようとしたら、窓口で拒否された。「本や雑誌はよいが書類は不可」という。

「それは法律に基づいて?」

尋ね返す声があきらかに尖っているのが、自分でわかった。

道警から記者会見参加不可を言い渡された時、私はとくに不満を述べていない。刑事裁判記録の閲覧申請でたらい回しにされた時、またひき逃げ記録の「不存在」を告げられた時、私はとくに感情を抑え込んでいたわけではない。そう思っていたが、言い切れる自信はなくなった。「釈然としない」とはっきり表現するに至らない程度の何かが体内に溜まり続け、どこかに出口を求めていたのかもしれない。たまたま目の前にいた刑務所職員にとっては災難だったろうが、出口に向かっていったん流れ始めたものは止まらなかった。

「法的根拠と判断の主体を教えて貰えますか。『本はいいけど書類は駄目』とは、何という法律のどういう条文に基づいてどなたが判断したのか。裁判所の判断ですか。ここの支所長の判断ですか。それとも刑務所とか少年院とかの施設を監督する法務省矯正局の判断ですか。あるいは地方支分部局である札幌矯正管区の判断ですか」

「うんーっと、……少々お待ちください」

窓口の女性は臨時職員。根拠法も判断の主も、彼女はおそらく知らない。答えに窮して別室に駆け込んだその人は3分ほど経ってから引き返してきて、差し入れ不可を伝えた時とまるで変わらぬ表情で言った。

「こちらの手違いでした。差し入れ可能です」

道警監察官室の電話番号をプッシュできたのは、それからさらに3時間以上後のこと。『北方ジャーナル』取材と並行して取材を進め、3ページほどの記事を寄せていた別の雑誌の編集者から「至急ゲラの確認を」と連絡が入り、校了間際の原稿と睨み合いを続けているうち、夕方といえる時間帯になってしまった。春分の日を過ぎ、冬の間は日没が早かった北海道もすっかり日が長くなっていて、外は昼間とほぼ変わらぬ明るさだった。

「もしもし。監察官室はそちらですか」

「はい、監察官のハヤシです」

電話の主はこの数日後、小樽警察署の副署長に異動することになる。本人はすでにそれを心得ていた筈だが、私はまだ知らない。

「今朝、情報センターで聞いた件なんですけど」

「ええとこれ、取材となると答えられないんですよね」

「答えられない？　センターでは、そちらに連絡するようにと」

情報開示請求の当事者としての問い合わせには対応できるが、記者としての取材には応じられない。担当者はそう言っているのだった。

「記者の方ですよね。記者として取材するということになると、飽くまで広報課の対応ということになるので」

私の職業を知っている理由を、相手は言わなかった。言える筈もない。建前上それを知る手段はないことになっているからだ。公文書開示請求の請求書に記される個人情報は、請求人の氏名と住所と電話番号のみ。年齢や性別、職業などを記入する欄はなく、窓口で申告する義務もない。

「私、開示請求した本人なんですけどね、それが広報課対応になるということですか」

「ご本人かどうか、電話ではわかりませんし。……まあ、本人なんでしょうけど」

「そちらに伺ってよろしいですか。今日とか明日とか」

「きょ、今日ですか。私、いるかどうか……」

「伺います」

午前中の道のりをほぼ逆に辿り、地上18階のガラス張りビルを目指す。地下鉄東豊線を「さっぽろ」駅で降車、長い連絡通路を早足で歩き、東日本大震災発生直後の2011年4月に利用が始まった「札幌駅前通地下歩行空間」へ。その地下通路と直結するビルの1つを通って地上に出ると、目の前に北海道庁の「旧赤れんが庁舎」が見える。周辺4ブロックぶんの区画をまとめて緑地にした広場を横断する途中、敷地内の池で辛うじて凍りついていない水面に無表情のマガモが浮いているのが目の端に見え、思わず身を縮ませた。

見慣れた岩の銘板を横目に、職員の退庁時刻まで30分ほどを残して正面玄関を通過。ゴム長靴の底から点々と床に撒かれることになったのは、道路の雪融けとともに顔を出した砂利のような融雪剤だ。受付でバッヂを受け取り1階ロビーに佇んでいると、電話の相手と思しい脂ぎった顔の男性職員が現われた。傍らにもう1人、表情に乏しい男性がメモホルダーを手にして歩いてくる。

「小笠原さんですか」

名刺を出そうとすると、「いいです、いいです」と遮られた。「電話では本人かどうかわからない」が、警察本部のロビーでは誰なのかわかる、ということか。促された椅子に掛けるや否や、こちらから切り出した。

「警察情報センターでは、『事件指揮簿』などが存在しない理由として、本人が出向中に道外で起こした事故だから、と言われました。それで間違いないですか」

「はい、はい。間違いないです。道外の事故です」

「処分の『説明書』みたいなのが存在しないのは、本人に原本を渡した後に『控え』を保存してないから、と」

「はい、はい。それなんですが、確かに現在は保存してないんですけど、今後のぶんについてはですね、保存していく方向で検討しております」

今回「不存在」とされた文書が、今後作成される物については保存されることになるという。

道警は、文書管理の方針を変えることにしたというのだ。道庁側に面した大きなガラス窓の傍ら、垢抜けた木製の椅子から、私は身を乗り出した。

「いつからですか」

「まだ決定ではないんですが、早ければ4月1日以降のぶんから、と」

「ってことは、4月以降に処分されるケースは、これから開示請求で出てくると」

「はい、はい。3月以前のは出てきませんけど」

「あの今回、道外で起きたっていうひき逃げの時期とか場所とかは」

「それは、開示した内容以上のことは……、あっ、このやり取りは『取材』ではないですからね。飽くまで開示請求した人への説明ということで、個人へのお話ですからね」

「しかし個人にも『言論の自由』があるし、記者をやって飯を喰う『職業選択の自由』もありますよ」

「はい、はい。それは否定しません。書いていいとも言えないし、書くなとも言えない」

警察では「書いていい」とか「書くな」とか言うことがある、ということか。ひいては、それに従って書いたり書かなかったりする記者がいる、ということか。

ちょっと焦ったような口調で頻りに「はい、はい」と繰り返す監察官の傍ら、同行してきたもう1人の監察官は最後までほとんど口を開かなかった。

結果として私は、言論・表現の自由を行使することになる。翌4月15日発売の『北方ジャーナル』5月号で「不存在」の顛末を報告し、道警ロビーでの監察官とのやり取りを採録した。「書いていいとも書くなとも言えない」という発言も、そのまま載せた。

その雑誌発売から半月ほど溯る4月1日には、年末に未発表不祥事を掘り起こした『毎日新聞』が、監督上の措置に斬り込む大きな記事を掲載していた。1月下旬のHTBニュースに続き、私と同じ公文書開示請求を経ての報道だ。社会面の見出しには、黒地白抜きで「ひき逃げ警官 訓戒止まり」の大きなゴシック体が躍っていた。唐揚げをつつきながら脳内で作り出していた活字が、現実に全国紙の見出しになったのだ。

テレビと新聞との追い風を受け、私の取材も止まらなくなっていく。

第三章

警察特権「発表の指針」

前章で触れた〝見えない不祥事〟監督上の措置に較べ、より重いペナルティの懲戒処分はある程度可視化されている。その可視化が「ある程度」にとどまっているのは、地方公務員の中では警察職員だけだった。最も人数の多い教育委員会の職員も、一般行政を担う知事部局の職員も、ほとんどの都道府県で懲戒処分は全件公表が原則となっている。警察のみが一部非公表という方針を変えようとしないのは、なぜなのか。その理由は、決して明かされないのだった。

◆過去5年間、127件中45件が未発表

「すいません、スマホで撮影するのはご遠慮ください」

言われた私は、その数秒前まで一眼レフカメラのシャッターを押し続けていた。撮影の道具をスマートフォンに替えた途端、紺色の制服をまとった初老の衛視さんが近寄ってきて撮影禁止を通告してきたのだ。

北海道警察本部長が、職員の不祥事について地元議会で質問を受ける――。その情報を耳にした私は、18階建てガラス張りビルの隣の区画に建つ議場に足を運んでいた。

終戦6年後の1951年に竣工した北海道議会庁舎。約150の座席が馬蹄形に並ぶ議場は、議員と執行部（行政職員）とが同じ列の座席に並んで掛ける造りで、演壇に立つ発言者の顔がどの席から

も見えるようになっている。およそ350の傍聴席も議場を囲んだU字形で、この「非対面式」は47都道府県議会の中でも北海道だけという珍しい設計だ。前章の「不存在」をめぐるやり取りから3週間ほど遡る3月4日午後、私はその傍聴席に掛けていた。その日の本会議で、着任から2カ月が過ぎた北村博文・道警本部長が答弁に立ち、職員の不祥事について議員から質問を受けることになる。答弁する本部長の姿を記録しておきたいと思った私は、庁舎受付で撮影申請を済ませてから傍聴席に着いた。北海道民の投票で選ばれ、北海道民の税金で飯を喰う議員たちの仕事ぶりを、北海道民は「申請」を経ないと撮影できない。許可を得ても、スマートフォンでは撮影できない。

撮影を咎めてきた衛視さんに「なぜ?」と問うと、困った顔で「議員の先生から指摘がありまして」との説明。さらに問うと、もともと庁舎管理上のルールで携帯電話は使用禁止になっているということだった。私は、困った顔に弱い。こちらを覗き込む顔を直視しながらスマホをジーパンの尻に差し込もうとしたその瞬間、馬蹄形の両端にある「記者席」が目に入った。

「あれは?」

私が指を差した先に、道政記者クラブ加盟社の若い記者がいた。ノートパソコンを開き、片手で携帯電話を操作している。

「あれは『先生』から指摘されないの?」

「あれはあの、取材ですので」

「私も取材です。私が駄目なら彼も駄目ですね。彼が電話を使うのをやめるなら、私もやめます。

彼がやめないなら私もやめない」

「……は、はい」

しばらく私の顔と記者席とを交互に眺め続けた衛視さんは、やがて観念して私の指差す方向へ歩いて行った。広い議場のこと、記者席に辿り着くころにはその体が指の先ほどに小さくなる。無音のやり取りを経て、若い記者が素直に携帯電話をスーツのポケットにしまい込むのが見えた。ほっとした表情で戻ってきた紺の制服に「公平な扱い、ありがとうございます」と告げると、相手は複雑な笑顔で「いえ」と答えた。

道議会の「先生」たちは手強い。この2年ほど前に全道の「政務活動費」の公開状況を取材し、領収証のコピーの入手方法の違いを調べたことがある。たとえば札幌市議会の場合は、全議員の領収証をPDFデータ化してCDに収録し、希望者に50円で提供していた。函館市議会や登別市議会、道南の福島町議会などは、同様のデータを議会の公式サイトに掲載し、つまりはタダで不特定多数に公開していた。それに対して北海道議会は、飽くまで紙のコピー以外は認めないという姿勢を貫き、希望者に1枚10円のコピー代負担を強いていた。その年の領収証は全部で3万2107枚。すべてコピーすると32万円以上の実費がかかることになる。電子化しない理由を議会事務局に問うと「そういうルールになっているので」という答えしか返ってこなかった。

当時のやり取りを思い出して溜め息をついているうち、議場では真下紀子議員（共産、旭川市）の質問が始まっていた。

「北海道警察において、懲戒処分の公表基準に基づき、過去5年で非公表としたものが何件あり、その非公表とした具体的な理由は何か、伺います」

傍聴席から見て馬蹄形の右側に掛ける北村本部長は、微動だにせず目の前の床を睨み続けている。俯く表情を真正面から捉えるため、私は傍聴席の左端に移動した。その間も質問は続いている。

「知事部局と道警の公表基準では、職務外の懲戒処分については、停職以上しか公表の対象とされていません。しかし道教委や札幌市では、職務に関連するか否かにかかわらず、すべての懲戒処分を公表しています」

質問者の真下議員は「知事部局と道警」の公表基準を問題としていた。道では、警察だけでなく知事部局の職員、いわゆる一般行政職の職員も懲戒処分の全件公表を免れていたというのだ。

「同様の取り扱いをしている県も多いと聞いていますが、どのように把握をしているのか、伺います。道においても、より

透明性が高く、不祥事に対する抑止効果の高い公表となるよう、すべての懲戒処分を公表すべきと考えますが、知事及び警察本部長の見解を伺います」

聞いた私は、にわかに高橋はるみ知事の回答に関心を傾けた。

20分以上に及んだ質問が終わり、高橋知事が答弁に立つ。この時の答弁によれば、知事部局職員の懲戒処分の公表基準が定められたのは２００７年ということだった。かつて裏金を認めようとしない道警幹部の追及に消極的だった知事はこの時、当時とは少し異なる態度を見せることになる。

「しかしながら、東京都、大阪府、神奈川県など7つの都府県で、すべての懲戒処分を公表していることや、基準を策定してから一定の期間が経過していることなどから、改めて他府県の状況も把握した上で、不祥事の発生防止や道民の皆様の道政に対する信頼の確保といった観点から、社会情勢の変化に即した効果的な公表のあり方について検討し……」

事実上の基準見直し宣言。知事はこの時「7つの都府県」を引き合いに出しているが、のちに道人事課が全国の都府県に照会した結果、7つどころかすでに42都府県が全件公表に踏み切っていることがわかったという。

この3カ月後の6月1日、道は不祥事の公表基準を改正、これによって知事部局、教育委員会、企業局、議会事務局などの職員、つまり道警職員を除くすべての北海道職員約6万人が懲戒処分全件公表の対象となった。新たな指針では、氏名や所属などの個人情報を公開する基準が定められたほか、処分全件を道の公式サイトで発表する方針も明文化された。

道議会の議場に話を戻す。この時点で全件公表に舵を切った知事に対し、職員1万2000人を束ねる警察本部長はどう答えたか。知事答弁の30分ほど後に登壇した北村博文本部長はまず、私にとってはすっかり馴染みとなった警察庁の「指針」を引き合いに出し、それを「参考に」処分を発表していると説明した。

スマートフォンの撮影を禁じる道議会も、録音までは制限していない。この日、小さなICレコーダーで記録した音声には、北村本部長の答弁に混じって私の一眼レフカメラのシャッター音がひっきりなしに収録され続けることになった。2分間にも満たなかった短い答弁の半ばほど、本部長が過去5年間の実績を説明するころには、ほぼ毎秒その音が響き続けることになる。

「道警察において過去5年間に懲戒処分を受けた127人の処分を確認しますと、82人の処分は原則発表を行なう対象となる処分に該当し、残る45人の処分は発表を行なう対象に該当しない処分でありました。なお、過去5年間において、被害者その他関係者のプライバシーその他の権利・利益を保護するため、異性関係信用失墜事案や強制わいせつ事案において発表を控えた処分が、4件あったと承知致しております」

127件中45件が未発表。割合でいえば3割5分を超える。では、今後はそれをどうするのか。知事部局同様、見直すのか、あるいは今後も隠し続けるのか。答弁は、こう締めくくられた。

「道警察では引き続き、警察庁の『懲戒処分の発表の指針』を参考に、適時適切な懲戒処分の発表を行なうとともに、同種事案の再発防止のため必要な諸対策を推進して参ります。……以上でございます」

全件公表には踏み切らない。本部長はそう言っている。ほかの公務員がどうあろうと、警察だけは何としても処分の一部を隠し続ける。そう高らかに宣言したのだった。

この日の議場で私が撮影した写真は、371枚に上った。北村本部長を望遠レンズで追った画像をパソコンで連続再生すると、ちょっとした動画の趣きになる。答弁後、本部長は無表情を維持したまま もとの席に戻り、卓の上にあった手帖を拡げた。次いでその卓に両手を載せ、身体の前で手を組んだ。そして、その姿勢のまま小首を傾げた。演壇では真下議員が再び質問に立ったが、本部長がそれに答えて再登壇することはついになかった。

◆「全件公表」の県警があった

道議会の議場で警察本部長の声を聞いていた時、私は2カ月前に始めていた新たな開示請求を思い出していた。

警察庁と全国の都府県警察に前年1年間の不祥事記録の開示を請求したことは、前章ですでに述べた。道議会のあった3月上旬時点でほとんどの府県警から開示決定を受け、懲戒処分と監督上の措置を記録した文書を入手していたが、東京警視庁と埼玉県警の作業が長引き、結果としてすべての文書を手に入れるのは年度が明けた4月1日のことになる。

札幌市東区の自宅に全国から送られてきた文書は、合計1千枚を超える。1月下旬から3月にかけ、自宅の郵便受けには毎日のように各地の警察本部の名が印刷された封筒が投函され続けた。開示手数料は計1万6010円。ほとんどの県警は1枚10円のコピー代負担で済んだが、257枚という最大の分量になった警視庁は1枚30円という強気な価格設定だった。その手数料の納付方法は都道府県ごとに異なり、定額小為替、普通為替、収入印紙、郵便切手、銀行振込、及び現金書留のいずれかを指定され、さらに振込の場合は金融機関も指定され、私は毎日のように郵便局だの都市銀行だのに通い続けることになった。文書2枚ぶんのコピー代20円を現金書留で送る時など、郵便局の窓口に「これでいいんですか」と何度も念を押された。

入手した文書によれば、全都道府県警察と警察庁の懲戒処分は、2015年の1年間で293件あったことになる。全国約29万人という警察職員の総数に対して、約0・1%。おおむね1000人に1人がどこかで懲戒処分を受けていたわけだ。懲戒に至らない監督上の措置は、私の手作業による計算では2119件。全職員の0・7%強という結果だった。地元・北海道警はいずれもこの全国平均を上回り、懲戒処分率は0・18%、監督上の措置率は1・18%に上っていた。

3月下旬から4月にかけての札幌は、まだ「春」とは言えない。最高気温が10度に届かない日も珍しくなく、雪が降ってくることさえある。『北方ジャーナル』編集部のリ・スタジオに籠もって1千枚超のザラ紙に目を走らせている間も、室内ではストーブをフル稼働させ続ける必要があった。3月中旬までシャツの下に着込んでいたタートルネックをやめたせいで、屋内でも襟元がやや冷える。脂のない指先で文書をめくっていると、紙の断面で何度も指を切られかけた。４色ペンを回転させている暇もなかった。

一般女性と不倫した挙げ句その夫をインターネットで中傷し、減給処分を受けた巡査長、交通違反を注意された後に無断旅行して再び違反をし、所属長注意を受けた巡査部長、半年間にわたってストーカー行為を続け、本部長訓戒を受けた巡査……。北海道を除いては最北端になる青森県からスタートし、沖縄まで南下する形で１件１件に目を通していく。雑誌の締め切りを翌週に控えた週半ばの、地味な作業だった。

その作業が、宮城県警の『懲戒処分簿』に差しかかったところで不意に止まった。

眼鏡を外し、計３件の処分が記録されたＡ４紙に両目を近づける。「被処分者」を記録する欄、当事者の警察官の氏名と思われる部分を墨塗り処理したスペースの上に、警察署の名前らしき記述があった。さらにすぐ横に、丸いカッコで括られた数字があった。

処分年月日　H27．10．23
処分種別　停職６月
被処分者　白石警察署／巡査／[redacted]（24歳）
規律違反の内容　職員は、平成27年９月15日、山形県山形市内所在の温泉宿泊施設において、宿泊客の所持品を窃取したもの。

手の脂が一気に分泌し始めたのがわかった。温泉宿で窃盗行為に及んだ巡査の「白石警察署／24歳」という重要な個人情報を、宮城県警は伏せていない。黒く塗り潰されているのは、名前だけだ。ほか2件が記録されたその文書のみならず、3枚の紙に26件が記録された『本部長（所属長）訓戒（注意）処分簿』を見ても、開示方法は同じだった。「運転免許課／55歳」「泉警察署／28歳」「仙台東警察署／36歳」……。

目の前の受話器を引っ掴み、仙台市の市外局番をプッシュする。「宮城県警察本部です」と応じた女性に「情報公開係」の内線番号を告げると、道警とは違う保留音が流れ始めた。右手の4色ペンで、A5判ノートに『峠の我が家』と書き殴る。ほどなく、爽やかな声の男性職員が電話口に登場。私は一気にまくし立てた。

「2月8日付で公文書を開示して貰った者です。昨年1年間の懲戒処分とか監督上の措置を記録した文書が、当事者の年齢とか所属をマスキングしてない状態で開示されたんですが、これは消し忘れたとかそういうことなんですか」

飽くまで落ち着いた声の相手は、極めて明快な説明を返してきた。

「開示しても個人の特定に繋がらない情報は、出しても問題ありません。警察署の規模にもよりますが、200人とか300人とか勤務している署では、所属や年齢などを開示しても特定は難しいですから。……まあ、近所の人やご家族はわかるかもしれませんけど」

説明によれば、判断の根拠は「情報の組み合わせ」にあるということだった。改めて手元の文書を見ると、宮城の場合は北海道で全開示される「階級」を伏せているケースがいくつかある。つまり、「この情報とこの情報とを開示しても個人の特定は困難だが、もう1つこの情報を加えると容易に特定できてしまうから、このケースではここを伏せる」という判断が事案ごとになされる、ということらしい。

さらに読み進めて行くと、富山県警の『懲戒処分一覧』では2件中1件で当事者の氏名が開示されていた。『「監督上の措置」一覧』でも、記録された34件中2件で所属と年齢が開示されていた。宮城の「組み合わせ」とは異なるが、道警のような氏名・年齢・所属の一律不開示とも違う。076に始まる番号をプッシュし、用件を告げると、電話口からは知らない音楽が流れてきた。手元のノートには「なんか長い曲」とだけ書きつけられることになる。

「あの、今年開示していただいた懲戒処分とか監督上の措置の件で……」

宮城県警へ寄せた質問と同じ問いを向けると、北海道ではめったに耳にする機会のない富山訛りの声が事情を説明してくれた。

「その件はですねえ、『事案広報』した関係でございましてえ、報道もされたもんですからあ、まあ公知の事実という形でですねえ……」

宮城や富山の情報公開条例は、北海道のそれとさして変わらない。違うのは、現場の運用だ。北海道のように決まった情報を自動的に非開示にしてしまうこともできれば、非開示にする必要のない部分を最大限開示することもできる。現に、宮城と富山ではそれができている。

そして、そういう府県はほかにもあったのだった。

群馬県警の『懲戒台帳』では、記録された3件のうち1件で「年齢」が開示されていた。「当該事案は逮捕事案であり、その場合は年齢を開示することとしている」（同県警警務部広報広聴課・大意＝以下同）。

神奈川県警の『懲戒処分台帳』では、77件中1件で「氏名」「年齢」及び「所属」が開示されていた。「当該事案は当庁で広報し、報道機関により報道されているため、公の情報と判断した」（同県警総務部総務課）。

長野県警の『懲戒処分台帳』では開示8件すべてで「年齢」が明記され、うち1件では「氏名」と「所属」も開示された。「年齢は、開示しても個人の特定には到らないと判断した。氏名と所属を開示した事案は報道発表されており、公の情報であると判断した」（同県警警務部広報相談課）。

静岡県警は懲戒処分5件中1件で氏名・年齢・所属を開示し、大阪府警は懲戒処分と監督上の措置の計32件すべてで年齢を開示し、京都府警も同じく全6件で所属を開示した。大分や宮崎などでも同様の判断があった。

そして、県による違いは文書開示の方法だけではなかった。

「毎月、地元の新聞社とかに報道公開という形でお出ししてるので、それと同じ物を開示させていただくことになるかと思います」

声の主は、秋田県警広報広聴課の担当者。同県警では毎月、懲戒処分と監督上の措置をマスコミに全件公表しているというのだ。これもやはり、同様の対応をしている県警がほかにもあり、その1つである大分県警は公文書開示請求に対しても「報道目的ならばコピー手数料は不要」という独自のルールを設けているほどだった。

さらには、文書開示決定に要する期間も道警より短い県が多かった。警視庁などのように長期間待たされたケースは稀で、多くの県警は受理から10日間ほどで決定を出している。最短の石川県警で5日、香川県警で6日、秋田・山口で7日、神奈川・奈良で8日など、常に14日間待たされる北海道よりも軒並み1週間ほど早い。おおむね2週間という開示期限は多くの県で共通していたが、実際の開示作業に際しては、すぐに出せるものはすぐに出すという判断を優先しているようだった。

道議会の演壇で「適時適切に」と語っていた北村博文・道警本部長。その無表情が改めて脳裡をよぎった。警察官によるひき逃げや強制わいせつや窃盗を発表せず、議会で質問を受けてもその判断を変えないと宣言し、情報開示に際しては文書を黒く塗り潰し、各請求に対してはきっかり2週間の待機を強い続ける。他方で、警察官ならぬ普通の人が起こした「事件」は毎日20件というペースで個人情報を発信し続ける——。

あれをやっておいたのは正解だった、と確信した。

◆「社会に潜む悪意者の標的に」

「あれ」とは何か。

公文書開示に伴って作成される北海道警の『開示決定書』には、次のような説明が載っている。

この一部開示決定（以下「処分」という。）に不服がある場合は、この処分があったことを知った日の翌日から起算して3か月以内に、北海道公安委員会に対して審査請求をすることができます。

何度となく決定書を受け取っておきながら、初めてその文言に気づいたのは2月上旬になってからだった。「審査請求」という四字熟語の意味がよくわからなかったため、道警の公式サイトにある「サイト内検索」という窓にその4字を打ち込んで検索してみたところ、どうやら異議申し立てとか不服申し立てのことを言うらしいとわかった。申し立ての方法も、ほどなくわかった。

正月に入手した『懲戒処分一覧』『監督上の措置一覧』は、いずれも「職員番号」「氏名」「生年月日」及び「採用年月日」欄がすべて墨塗り処理され、また「所属」欄の一部がやはり墨塗りになっていた。これに不服がある場合は、不服申し立てができる。そういうことだ。

インターネットで公開されている記入例を参照しながら、見よう見まねで『異議申立書』を作成、2月21日付で北海道公安委員会に提出した。懲戒や監督上の措置の『一覧』で黒く塗り潰された部分を、塗り潰さずに開示し直してくれ、という趣旨の請求だ。翌日、公安委ならぬ道警の情報センターから電話があり、「異議申立」を「審査請求」に読み替えてよろしいか、との細かい訂正要求。そちらの都合よいようにして欲しいと促し、請求は受理された。

『審査会諮問通知書』という書類が自宅に届いたのは、先ほどの道議会を傍聴した日の4日後のこと。封筒の表書きに記された差出人名は「北海道警察本部総務課公安委員会係」となっていた。公安委員会というのは、各都道府県の警察を監督する組織だった筈だ。監督される側の警察の内部に「公安委員会係」なるセクションが存在するとは思えなかったが、はっきりそう書いてくるからには存在するのかもしれない。封筒は記念に保存しておくことにした。

送られてきた書類の趣旨は、私の審査請求を北海道情報公開・個人情報保護審査会という所に諮問したという報告だった。「諮問」というのはつまり、「意見を聞く」ということ。道警の「海苔弁当」のような墨塗り開示が正しいか、私の訂正要求が正しいか、第三者である審査会に判断を仰ぎましょうというわけだ。

さらに2週間後の3月17日に届いた郵便は、前回までと封筒の色が違っていた。北海道警の使うベージュ色ではなく、ちょっと落ち着いた感じの薄緑色。差出人は「北海道総務部法務・法人局法制文書課行政情報センター」とある。「夜間再配達」で受け取った封筒を、ビール1缶・ウィスキー4杯ぶんのエチルアルコールに充血した両目でしげしげ眺めてから開封すると、道警監察官室が審査会に提出したという『理由説明書』なる紙が入っていた。

A4紙1枚の両面にわたって綴られた道警の言い分は、たとえば次のようなものだった。

被処分者たる警察職員の職員番号、氏名、生年月日、採用年月日、所属、係及び階級（身分）が記載されており、これらが明らかになると、当該警察職員個人が特定又は推認されることとなり、特定の個人が識別され得るもののうち、通常他人に知られたくないと認められる。

「通常他人に知られたくない」？　なんだその理由は。

1カ月ほど溯る2月7日、私は道警に対して「平成28年1月に作成された『報道メモ』すべて」という公文書開示請求を行なっていた。3月7日に一部開示の決定を受け、その3日後に道警本部で671枚の文書を受け取っている。全道の警察署が1カ月間でマスコミに配布しまくった『メモ』には、さまざまな事件の容疑者や被害者などの住所・職業・氏名・年齢・性別が大量に記されており、その多くがそのまま開示された。氏名にはもれなく振り仮名がついていたほどだ。

『メモ』だけではない。道警は公式サイト上に「暴力団検挙情報」というページを設けており、なんらかの事件で捜査された容疑者が指定暴力団の構成員だった場合は、その人の住所・職業・氏名・年齢・性別をインターネットですべて晒している。容疑が数百円の万引きだったとしても、所属する組の名や犯行現場、逮捕年月日などとともにその情報が広く公開されるのだ。クリック1つで簡単に個人が特定されるのだ。

これらの個人情報は「通常他人に知られたくない」とは認められないらしい。

『理由説明書』には、次のような一文もあった。

被処分者たる警察職員の氏名が明らかになると、規律等に違反して処分を受けた当事者として社会に潜む悪意者の標的となる危険性が高く、さらに当該個人が識別されることにより、本人のみならずその家族までもが嫌がらせや誹謗中傷等を受けるなど、個人の私生活の平穏が脅かされるおそれがあると認められる。

ウィスキー3杯ぶんほどのエタノールが、体のどこかで一気に揮発したような気がした。「社会に潜む悪意者」は、『報道メモ』経由で新聞・テレビから発信された多くの事件の容疑者や被害者を「標的」にしないのか。彼らやその家族には「嫌がらせや誹謗中傷等」をしないのか。警察官とその家族はそれ以外の北海道民よりも悪意や嫌がらせや誹謗中傷の標的になりやすく、だから名前や年齢や職場をしっかり隠して保護しなくてはならない、それ以外の道民は保護せず新聞・テレビで晒し者にしてもよい、「通常他人に知られたくない」情報を広く知られてもよく、「私生活の平穏」が脅かされてもかまわない、そういうことか。

アルコールが抜け切っていない脳の中に、「しかし、事件の容疑者は悪いことをした奴だから……」という声が響く。直後、同じ自分が「いやいや」と否定する。「容疑者は犯人ではない。犯人かどうかまだわからない人たちだ。それに対して、ひき逃げ巡査は容疑を認めているのに名前が明かされないではないか」。さらに反論、「そうは言っても『報道メモ』はそのまま発信されるわけではない。発信するかどうかを決めるのは報道機関だ」。「報道機関の中に『悪意者』は潜んでいないのか」「潜んでいる『危険性』は少ないだろう」「それは明確な職業差別だ」「職種では差別していない。正しくは『勤務先差別』だ」「いかにも勤務先差別だ。税金で作った『メモ』を、なぜ新聞やテレビ以外の記者には出さないのか」「まったくだ。日常的な差別がある上、彼我の待遇もえらい違いだ」「そうだ、この収入格差をぜひとも改善せよ」「せめて手取り年収300万円に」「地方誌の仕事だけでは無理だろうな」「片っ端から売り込んで書きまくるか」「それもめんどくさいな」「そうだな、もう1杯飲むか」「カミさんに止められるし」「大丈夫だ、テレビに夢中だ」——。

新しいブラックニッカの瓶を取りに自室へ向かおうと立ち上がった背中に、一滴もアルコールを摂取していない人の声がまっすぐに投げられる。

「もう寝たほうがいいんじゃないの」

◆「やっていることが逆ではないのか」

長卓の上には、1件の『報道メモ』が載っていた。

「そこには、ご覧いただければわかるように、事件や事故の当事者の名前であるとか住所、年齢、職業などが出てるわけです」

手元の紙を示しながら説明を続ける私。目の前には同じ紙を手にした「委員」たちが並んでいる。

7月4日午前。北海道庁別館庁舎にある小さな会議室で、私は情報公開・個人情報保護審査会の委員たちと向き合っていた。審査請求を申し立ててから5カ月が過ぎ、ゴム長靴は薄汚れたスニーカーに、ダウンコートはしまむらの半袖シャツに代わっている。その襟首には、汗を拭うためのタオル。私はハンカチという物を持っていないのだ。ついでに言うと、財布や腕時計にも縁がない。

審査請求人が口頭で意見を述べることを「意見陳述」という。陳述の場は公開され、誰でも傍聴できることになっている。それを知った私は一も二もなく意見陳述の意志を示し、ある事件の『報道メモ』を資料として事前に提出していた。

その『メモ』を、意見陳述の場で引き合いに出したのだ。

「当然これはニュースにもなってますし、たとえば記事をインターネットとかにコピーして拡散してる人もいるわけですね。この私が、警察のいう『悪意者』であった場合、最悪の場合はこの『メモ』をそのままＰＤＦでブログにアップするとか、ＳＮＳで拡めるとかいうことをしないとも限らないわけです」

なぜその『メモ』を引っ張り出したのか。理由は、陳述に先立って提出が認められた『意見書』に書いておいた。Ａ４紙２枚にびっしり言い分を書き込んだそれは、次のように締め括られている。

警察本部広報課が記者クラブ加盟の報道各社に毎月おおむね６００件以上提供している『報道メモ』には、事件・事故の当事者（被疑者、被害者など）となった一般の道民の氏名や年齢、性別、職業、住所などが明記され、それに基づいてそれらが広く報道されることが日常的に行なわれています。開示実施機関にこの『報道メモ』の開示を請求すると、すでに報道された案件に係る文書については事件・事故の当事者の個人情報が非開示とされない状態で開示されます。これは先の「理由」に記された文言と大きく矛盾し、即ち「事件・事故を起こし、あるいはその被害に遭った道民は、私生活の平穏を脅かされてもよい」と言っているに等しいことになります。このような矛盾を正す意味でも、開示実施機関の処分は変更されるべきです。

私の請求を審査する委員は、男性の弁護士2人と女性の大学教授1人の、計3人。陳述の場で、3人はコの字形に並んだ卓に掛けていた。彼らと向き合うように座る私の隣には、道警の担当者なのか道法制文書課の職員なのか、あるいはその両方なのかはっきりしない顔ぶれの男たちが、計4人。その後ろには一般傍聴席が2枠ぶん用意され、いずれの椅子にもスーツ姿の壮年の男性が腰を下ろしていた。全員ほとんど無表情だった。

6月下旬に提出した『意見書』に、私は14点の参考資料を添えていた。富山や京都など各地の府県警が開示した文書12点と、道警が作成した『公文書一部開示決定通知書』の一部、及びくだんの『報道メモ』1枚だ。

すでに述べた通りその『メモ』は人数ぶんコピーされ、審査会の委員や道警の担当者の手にわたっている。記録されているのは、その年3月31日午後に発生した殺人未遂事件。容疑者は20歳代の男性、被害者はその母親だった。自宅で親子が口論になり、仕事に就かないことを咎められた息子がカッとなって母の首を絞めた、という話だ。母親の命に別状はなく、被害は軽い怪我で済んでいる。その親子の氏名と年齢と住所が、警察の『メモ』で明かされ、新聞・テレビで広く伝えられ、読者・視聴者によりインターネットで拡散した。

目の前の『メモ』を手に、私は委員全員を見まわしながら訴えた。

「この当事者が捕まってどういう処分になったのかは、知らないです。裁判になったのか、あるいは責任能力がないというので保護されたのか……。わからないですが、いずれ責任をとるわけですね。そういう人が、たとえばこれから先、『就職しよう』とか、『お母さんと一緒にまた別の場所に住もう』となった時に、自分の名前であるとか住所とかがこうやって拡散されたままだったら、当然そういう権利を失うというか、不自由な暮らしになるだろうと。実際この人の名前をインターネットに打ち込むと、今でも検索できてしまう。事件がわかってしまう」

気のせいかもしれないが、委員の1人が小さく頷いたように見えた。

「ここで言いたいのは『逆じゃないか』と。警察というのは、一般の道民に較べて非常に大きな権限を持ってるわけですね。法律に基づいて人を捜査したりとか、家宅捜索とか差し押さえとか。たいへん大きな権限を持って仕事にあたってる以上は、仕事に対する責任も普通の人以上にあるんじゃないか。だから、そういう人たちの個人情報を出して一般の道民の情報を隠すのであればわかりますが、やっていることとは逆なんです」

陳述のために与えられていた時間は、20分間。喋りが達者ではないくせに事前に台本のたぐいを作ってこなかった私は、喋るほどに早口になっていく下手くそな独り語りを続け、結果的に規定時間の半分ほどで話を切り上げることになってしまった。

「『氏名を見せろ』とか『年齢や住所を出せ』っていうのは、当事者のお巡りさん個人個人をあげつらって、晒し者にするということが目的ではないんです。どこの署の、どんなお巡りさんが、どんなことをやって、それに対して適切な処分がなされたかどうかを検証する手段、機会を、道民に与えるべきだろうと」

話題があちこちに飛ぶまとまりのない演説が、どこまで委員に伝わったのかはわからない。鞄の中にあるカメラで彼らの表情を記録しておきたかったが、意見陳述の場では撮影・録音が禁じられていた。記録として残るのは審査会が作る『意見陳述要旨』のみで、公開の場に居合わせた傍聴人や当事者の私自身が記録を残すことは認められていないのだった。

何往復かの質疑応答を経て、委員の１人・片桐由喜副会長（小樽商大教授、社会法学）が「それではこれから審議に入りますので」と私に退室を促してきた時、思わず「すいません」と手を挙げた。

「この場は公開と伺いました。傍聴も認められています。しかし録音・撮影はできません。これは『公開』のあり方として不充分だと思うので、ぜひこのルールを変えてくださるよう、ご検討をお願いします」

委員は「ご意見として承っておく」とだけ答え、意見陳述は終わった。のちに送られてきた『意見陳述要旨』には、この最後のやり取りが記録されていない。本題と関係ない不規則発言とみなされたようだ。「公開」ルールの変更が検討されたかどうかは、ついにわからないのだった。
結論が出るまでに、季節はさらに変わった。

◆配達証明は、ささやかな吉報だった

薄緑色の封筒が自宅に届いたのは、しばらく稼働していなかった石油ストーブに再び火が点いた11月上旬。やはり若干量のアルコールが行き渡った手で鋏を操って封を切ると、『懲戒処分一覧』で大きく墨塗りされていた情報のうち職員の「採用年月日」の一部を開示すべし、という答申が目に飛び込んできた。

私の主張が、ほんの僅か、ごくごく僅かながら、認められたことになる。春先にベージュの封筒を手にした時とは別の理由で、また酒量が増えることになった。

さらに時間を飛ばす。上着はダウンコートに、足下はゴム長靴になり、例年よりも早く訪れた冬の前半はたびたび大雪に見舞われた。年が改まるとともにそれも峠を越え、汗と煙草の匂いが滲みたダウンを再び脱ぎかけた、2017年3月下旬のこと。

自宅の郵便受けに「郵便物等ご不在連絡票」が2通投函された。

1週間ほど前からカミさんが実家に帰省し、昼間の自宅に誰もいない日が続いていた。無人の家に「不在連絡票」が残されたということは、投函される筈だった郵便物が普通郵便ではなかったことを

意味する。2つの連絡票の「差出人」欄を見ると、ともに「北海道警察」となっていた。郵便の種類は「簡易書留」と「配達証明」だった。

配達証明？

その日は夕刻から原田宏二さんと会い、市内の居酒屋でしこたま杯を傾けていた。前週に発売された『北方ジャーナル』に大誤報を書いてしまい、元道警幹部を巻き込んでヤケ酒を呷ることになったわけだ。

相変わらず道警不祥事の記事を書き続けていた私はその春、情報開示で得た文書を誤読して存在しない不祥事を報じるという、とんでもない〝不祥事〟をやらかしてしまった。おりしも同時期に発売された月刊誌『文藝春秋』でジャーナリストの清水潔さんが私の連載を好意的に紹介するコラムを執筆、さらに『週刊現代』が私と原田さんのコメントを大きく採録して道警不祥事を特集する記事を載せてくれていた。その矢先に、前代未聞の大誤報。寿命が5年ばかり縮まり、エチルアルコールを摂取しないことには呼吸もままならない体になっていたのだった。

深酒で取り戻したその寿命は、「配達証明」の4文字を目にして再び7年ばかり縮んだ。

道警から配達証明。みるみるうちにアルコールが抜け、その4文字が脳内で「訴状」という2文字に変換される。誤報が載った号の発売直後、私は道警から「たいへん遺憾である」と抗議の電話を受けた。その道警は、抗議だけでは飽き足らず、私に損害賠償を求める民事訴訟を提起したのではあるまいか——。

不在連絡票を手に自宅のドアを開け、冷蔵庫から缶ビールを取り出して一気に飲み干す。空き缶を放置したまま再び外に出て、徒歩15分ほどの距離にある郵便局の夜間窓口を目指した。上着の内ポケットには、窓口で受け取った封筒をただちに開封できるよう、鋏を1丁忍ばせた。もしも路上で職務質問を受けて身体検査でもされたら、「正当な理由なく刃物を所持していた」とされ、任意同行、逮捕、起訴、有罪となっていたところだ。

積もった雪に音が吸収されるのか、寒い空気で音が響きにくくなるのか、冬の夜はとにかく静かだ。いろいろな妄想で脳内を満たしながら郵便局を目指し、人通りの少ない歩道の雪にゴム長靴の跡を彫り続ける。辿り着いた夜間窓口で深夜業務の局員さんに酒臭い息をかけながら連絡票を示すと、ベージュ色の封筒2通が手渡された。

A4判の大きな封筒と、その3分の1の大きさの細長い封筒。大きなほうが配達証明で、小さなほうが簡易書留だ。ひったくるように受け取り、その場で鋏を入れる。中の書類を引き抜いてそこに目を落とした瞬間、すべての妄想が掻き消えた。

配達証明は、訴状ではなかった。

ちょうど1年前に目にした「公安委員会係」の文字が記されたA4封筒には、20枚にわたる『裁決書』が入っていた。1枚めの紙に、ゴシック体で『主文』の文字。道警が審査会の答申を受け入れ、『懲戒処分一覧』で墨塗りになっていた「採用年月日」の一部を開示する、という内容だった。

もう1通、A4紙が三つ折りで入っていた封筒の差出人は、「総務課警察情報センター」。中にあった『公文書開示実施通知書』には、新たな決定文が記されていた。

> あなたが、平成28年2月21日付けで行った審査請求に対する北海道公安委員会の裁決を受け、平成28年1月29日付け道本監(庶)第931号で行った公文書一部開示決定により非開示とした部分について、次のとおり開示するので、通知します。

封筒の中にはもう1枚、A4判のザラ紙が入っている。前年の正月に入手した『平成27年懲戒処分一覧』だ。慌ただしく拡げて見ると、1年あまり前に目にした「海苔弁当」が目の前に再び顔を出した。但し、当時と小さな違いが1つ。海苔の一部が僅かに削られ、長さ1・5センチ、幅0・6センチほどの小さなマス目が1カ所だけ顔を覗かせている。眼鏡を外し、紙を鼻先に近づけた。

H19.4.1

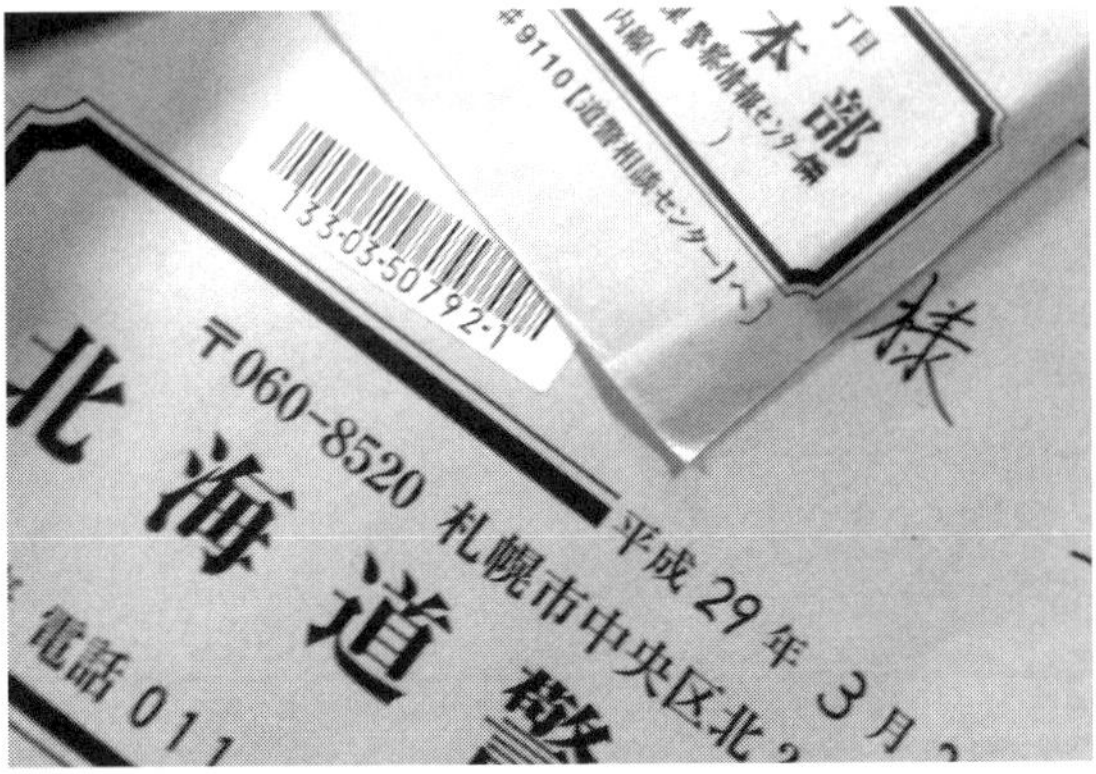

1平方センチ弱のスペースに記録されていたのは、交通違反の点数切符を捏造して2015年12月に懲戒免職処分を受けた巡査長の「採用年月日」だった。その年に処分があった22件の中から、その1件のみで初めてその情報が開示されたことになる。1件のみ、1カ所のみではあるけれど、公安委員会はそこを隠す必要はないと判断したのだ。道警は隠し過ぎていた、と認められたのだ。

丸1年以上を費やして、僅か1平方センチの前進。ともあれ、配達証明は忌まわしい知らせではなく、ごくささやかな吉報だった。

薄暗い郵便局のロビーで、日付がいつの間にか変わっていた。脳内に、「訴状は普通、配達証明というより内容証明だろうよ」という自分への突っ込みが響いていた。

◆被害者を保護するため？

時計の針を一気に1年ぶん巻き戻す。

道議会の本会議で「今後も不祥事の一部を隠し続ける」という意味の宣言をした北村博文本部長は、過去5年間の不祥事の公表実績を問われた時、こう答えていた。

「被害者その他関係者のプライバシーその他の権利・利益を保護するため、異性関係信用失墜事案や強制わいせつ事案において発表を控えた処分が、4件あったと承知致しております」

一聴して、真っ当なことを言っているようにも受け取れる。

ただ、結論だけを見ると、「発表を控えた」つまり「隠した」ことには違いない。それが本当に関係者の「権利・利益」を守るためだったのかどうかは、誰も検証できないわけだ。

いや、ある程度は検証できる。公文書開示請求を利用すれば。

再び時間を進めて２０１６年の５月上旬。私はひき逃げとは別の「２行」の詳細を記録した文書を道警に請求した。前年８月に「減給」処分を受けた巡査部長の「わいせつ関係事案」。今さら言うまでもなく事件は未発表で、『一覧』の記述は次の表現に留まっていた。

部外異性に対し、強制わいせつをした。

僅か18文字。俳句よりも１文字多いだけだ。この18字の裏には、何が隠れていたのか。５月26日付で開示された『処分説明書』には、こうある。

被処分者は、

第１　平成26年10月15日、札幌市内で駐車中の私有車両内において、部外女性に対し、強いてわいせつな行為をし、

第２　平成26年11月ころ、札幌市内で駐車中の私有車両内において、部外女性に対し、強いてわいせつな行為をし、

もって、著しく警察の信用を失墜させたものである。

現職警察官が、自分の車の中に女性を連れ込んで「わいせつな行為」をしたというのだ。「強制」「強いて」とあるからには、それは女性の意に反して行なわれたことになる。立派な犯罪だ。

数少ない情報から、私は想像する。おそらくは夜、札幌郊外。人通りの少ない路上に車を駐めた巡査部長はその時、勤務中ではなかった筈だ。そこに連れ込まれた女性は、知人だろうか、それともまったく面識のない人か。10月中旬ともなれば、夜の気温は10度を切る。素直に車に乗り込んだ女性は、当初から油断していたのかもしれない。それをよいことに巡査部長は行為に及んだ。「強姦」に至らなかったのは、被害者の抵抗で思いを遂げられなかったということだろうか。その被害は発覚せず、巡査部長は翌月も同じ車を使い、同じ手口で犯行に及ぶことになる。それが警察の知るところとなったのは、目撃者の通報などによるものか。いや、女性が被害を届け出たためだろう。当の巡査部長はたぶん、そういうことはないと高を括っていた。

2件の強制わいせつの被害者は、同じ女性だ。そして、記録された2件のほかにも表面化していない行為がある――。なぜかそう確信しつつ、私は続いて『方面本部長事件指揮簿』に手を伸ばした。

先の『説明書』と同時に開示された『指揮簿』は、触っているだけで手にインクが移りそうな真っ黒の紙になっていた。文書名から、それが「本部長指揮事件」だったことがわかる程度だ。これは、警察署長が指揮する事件よりも大きな事件であることを意味する。

事件名　警察官による一般女性被害の強制わいせつ事件
事件取扱（課・署）　警察本部 捜査第一課
発生年月日時　平成26年10月15日（水）午前0時15分ころから午前1時ころまでの間
発生場所　札幌市厚別区内に駐車中の普通乗用車（白色、ワンボックスタイプ）内

犯行は、やはり夜だった。「厚別区」というのは、隣接する白石区から「分区」されて生まれた、札幌東部の区だ。区役所周辺は「新札幌副都心」として開発され、住宅地と商業施設が混在している。そこの郊外ともなると、深夜の人通りはほとんどない。同じ年の春に同区郊外で発生した殺人・死体遺棄事件で、地元警察は遺体発見まで1カ月以上の時間を費やした。目撃者がいなかったためだ。住宅地の街灯ぐらいしか明かりのない舗道に白いワンボックスカーが駐まっている姿が、ぼんやりと脳裡に浮かんだ。

続いて『犯罪事件受理簿』や『犯罪事件処理簿』を見たものの、開示された情報は僅かなものだった。しかも『処分説明書』に記された2件のうち、捜査にかかわる書類が存在するのは「10月15日」発生の1件のみで、「11月ころ」に起きたとされるもう1件には書類が存在しない。即ち、11月の件は事件化されなかった。加害者である巡査部長に渡す『説明書』には、はっきり2件とも「強制わいせつ」と書いてあるのに。

どういうことだ、などと悪態を吐きつつ開示文書を手の汗でふやけさせていると、机の上に投げ出

したもう1つの書類にふと目が留まった。開示された文書ではない。文書の開示を求めた私に対し、「一部開示」の決定を知らせる『通知書』だ。

道警本部長の印鑑が仰々しく捺されたその書類には、「開示しない部分の概要及びその理由」なる1項目があった。当該欄を見ると「別紙のとおり」と書いてある。三つ折りに畳まれた通知書には、2枚の「別紙」が添付されていたのだ。

その「別紙」の2枚め、『犯罪事件処理簿』の「開示しない部分」を記した箇所の1行めを目にした瞬間、4色ペンを回しかけていた手の動きが止まった。

少年の氏名

少年？文書には未成年の名が書かれているのか？

右手のペンを放り投げ、パソコンで道警の公式サイトを開く。そのころにはトップページをインターネットブラウザの「お気に入り」に登録していたため、繋がるのは速い。右上の検索窓に「警察学校」と打ち込み、開いたページの中から新人警察官の入校期間を記した箇所を探した。

すぐにみつかった。「大学卒業者は6か月間、その他の者は10か月間」とある。

未発表の強制わいせつで捜査された警察官は「巡査部長」だった。彼が高校卒業後、18歳で警察に採用されたとして、20歳になる前に、つまり未成年のうちに警察学校の教育を終え、巡査から巡査長に、さらに巡査部長に昇任することは、あり得るか。計算するまでもなかった。どう考えてもあり得ない。大学卒の場合は論外、採用時点ですでに成人だ。

つまり、「少年」というのは加害者ではない。被害者のほうだ。

例年5月、私は北海道の風土病「シラカバ花粉症」の洗礼を受ける。花粉飛散時期はくしゃみがひっきりなしに続き、目は開けていられないほどに痒くなる。その症状が一瞬すべてかき消え、充血した目が宙を眺めて数秒間固まった。

若くとも20歳代半ばのその警察官は、自分の所有するワンボックスカーの中で、未成年の女の子を相手に複数回、強制わいせつを行なったのだ。そして、そのうち1件だけで取り調べを受け、さらにその事実の発表を免れ、懲戒処分は「減給」で済んだのだ。

本部の捜査1課は、事件をどう処理したか。

目の前の紙束をかき分けて『犯罪事件処理簿』を探す。あった。そこには事件送致の有無、つまりこの強制わいせつが事件として検察庁に送られたかどうかを記録する欄がある筈だ。墨塗りはそこまで及んでいるか——。両目の焦点が一瞬で結ばれる。

辛うじて海苔はそこまで及んでいなかった。そこには、2つの選択肢が印刷されている。

身柄・（書類）

手描きでマルをつけられていたのは「書類」のほうだった。

紙を手に再び宙を仰ぎ、声にならない声で「書類送検……」と呟いた。

横浜で痴漢をした検事と同じ、書類送検だ。容疑者を逮捕せず、在宅のまま事件を検察官送致したのだ。現職警察官による未成年相手の強制わいせつ事件を、道警本部は書類送検としたのだ。

これが発表されないのは、被害者の「権利・利益」を保護するためなのか？

口を開けて固まっている場合ではなかった。被害者のいる未発表事件は、それだけではなかったからだ。

不祥事記録の開示請求を始めて2年めになるその年、私は四半期ごとに直近の『一覧』を請求し始めていた。「2行」の裏が気になったケースについては、追って『事件指揮簿』などの開示を求める。今も続く3カ月ごとの恒例行事で、始めたばかりの春にさっそく強い関心を惹かれる事案に突き当たった。

同年1月13日に「減給」処分を受けた巡査の「強制わいせつ事案」は、『一覧』では21文字にまとめられていた。

部内異性に対し、強いてわいせつな行為をした。

「部内異性」とはつまり、警察官の同僚ということだ。6月1日付で開示請求し、同20日に入手した『方面本部長事件指揮簿』では、確かに被害者の職業が「警察官」になっている。

その『指揮簿』に記された事件名は、どういうものだったか。

警察官同士の強姦未遂事件

刑事部長以下7人の決裁印が残る書類に、はっきり「強姦未遂」と記録されている。さらに『犯罪事件受理簿』を紐解くと、「罪名（手口）」という欄にごくシンプルな2文字が綴られていた。

強姦

事件は、受理された時点で「強姦」として扱われた。捜査着手後、それは「強姦未遂」となり、さらに容疑者の懲戒が決まった時には「強制わいせつ」に変わっていた——。

これもすべて、被害者の「権利・利益」を保護するために隠されているのか？

まだある。

定期的な開示請求を始めて1年が過ぎるころ、私は改めて確認した『北海道警察職員懲戒等取扱規程』の中に未知の11種の文書名をみつけ、前年の懲戒処分に伴って作成された文書計231枚を一気に入手した。『懲戒処分申立書』や『答申書』、『懲戒審査委員会議事録』など、当事者の警察官が不祥事を起こしてから処分されるまでの過程を記録した書類だ。これに、すでに知っていた不祥事の〝余罪〟がいくつも記録されていたのだ。いずれも２０１５年の懲戒から、被害者の存在するケースを抽出すると次のようになる。

・1月28日付「戒告」処分の「異性関係不適切事案」
『一覧』の説明……部外の異性に対し、不安感を与えるメールを送信するなどした。
余罪……加えて、未成年とみられる女性に裸の写真を撮らせ、メール送信させた。

・9月16日付「減給」処分の「住居侵入等事案」
『一覧』の説明……部内異性方に侵入するなどした。
余罪……のみならず、警察署の当直室内で肉体関係を結んだ。

・12月16日付「戒告」処分の「不適切異性交際等事案」
『一覧』の説明……異性と不適切な交際をするなどした。
余罪……一般女性の少なくとも４人と不倫し、１人に対して強姦の疑いが指摘された。さらに消費者金融から１３０万円の借金をした。

ここでいう「余罪」は飽くまで比喩で、右に挙げた署内での性行為や金融業者からの借金などは、不祥事ではあるものの犯罪にはあたらない。だが、中には文字通りの余罪が隠されていたケースもあった。7月22日付で「減給」処分を受けた巡査の不祥事は、『一覧』では「撮影機能付き携帯電話機を使用し、卑わいな行為をするなどした」となっている。この件の『懲戒審査要求書』には、その「卑わいな行為」が詳しく記されていた。

平成27年6月24日午前5時39分ころ、札幌市中央区所在のディスカウントストア内のエスカレーターにて上昇中の被害者に対し、所携の撮影機能付き携帯電話機を使用し、スカート内の下着を撮影する目的で、同携帯電話機を差し入れ……

文書に出てくる「ディスカウントストア」は、すぐにわかった。「午前5時39分ころ」などという早朝に営業している店舗は、自ずと限られる。

札幌中心部を東西に走る大通公園から3ブロックほど南、公園と並行して東西に延びるアーケード街「狸小路」に、現場となった背の高いビルがある。店舗中央にあるエスカレーターで、巡査は犯行に及んだ。早朝の店内、上りエスカレーターに乗るスカート姿の女性に狙いを定め、背後に近づく。手に持った携帯電話のカメラ機能をオンにして、そのままスカートの中へ。決して来店客の多くない時間帯とはいえ、大胆な犯行といえた。

これだけですでに犯罪であり、『一覧』にも「北海道迷惑行為防止条例違反」と罪名が記されている。だが、巡査の罪はこれだけではなかった。

『懲戒審査要求書』の記述には、続きがある。下着盗撮の18分後のことだ。

同日午前5時57分ころ、同店において、同店店長管理にかかるバイブレーター1台（販売価格5、184円）を窃取し……

盗撮の余罪は、万引きだった。

下着を撮影し、バイブレーターを盗む。ここまで来ると、もはや動機がわからない。5千円あまりという被害相当額を見て、私はかぶりを振りながら「買えよ」と呟いた。巡査が拝命間もない新人だったとしたら、手取り月収は20万円を下回る。5千円の支出は、たしかに痛いだろう。しかし、だからといって盗むという選択肢があるのか。まさか、レジへ持って行くのが恥ずかしかったということでもあるまい。私生活でそういう物を使いたいと思ったことがなく、下着の画像にもさして関心がない私は（「下着だけ」でない写真には大いに関心あり）、ただ首を傾げるしかなかった。

この万引きを、道警は『一覧』に記載しなかったのだ。「盗撮」の2文字で記録すべき犯罪をわざわざ「卑わいな行為」の6文字に変換し、「万引き」あるいは「窃盗」と書くべきところを「など」で済ませたのだ。一般の道民がこの事実を知るには、まず『懲戒処分一覧』を入手し、さらに『懲戒審査要求書』などを追加入手するという、2段階の開示請求を経なくてはならない。つまりこの2件の不祥事は、二重に隠されていたのだ。

これもまた、被害者の「権利・利益」を保護するためなのか？

◆警察は「書くな」と言っていた

章の締め括りにもう1つ、道警が同じ理屈で発表を拒んだケースを記録しておこう。

2016年の9月上旬、「道警がNHKを出入り禁止にしたらしい」との情報が届いた。記者クラブの加盟記者から伝えられたその情報を別の社の記者に確認すると、激しい警察批判の声が聞こえてきた。

「横暴もいい加減にして欲しい。NHKさんは事実を報じただけなんですから。ほんとに最近の監察官室はやってることがアホ過ぎる。近く、クラブとして連名で抗議しようと考えているところです」

さらに何人かに確認すると、NHK札幌局は独自取材で道警の未発表不祥事を掴み、朝のニュースでそれを報道したらしいことがわかった。道警はその報道を受けて同局に「出入り禁止」を通告した、というのだ。報道自体を知らなかった私はリ・スタジオのパソコンでニュース検索を続け、すぐにウェブ上に残る記事を発見した。9月8日の午前8時6分に配信されたものだ。

帯広警察署に勤務する34歳の男性巡査が先月、夜間の勤務中に仮眠していた同僚の女性警察官をのぞいたとして道警本部がこの巡査の処分を検討していることがわかりました。

現職警察官による覗き事件。その男性巡査は、勤務していた交番の2階にある女性用の仮眠室のドアを開け、同僚女性を覗き見たのだという。覗かれた女性警察官が気配に気づいたことで、行為が発覚。巡査はすぐに覗きを認め、同僚に謝罪した。

記事に添えられていた画像には、現場となった交番の外観が映し出されている。これが道警の〝逆ギレ〟を招いたようだ。事情を知る記者に詳しい話を聞くと、出禁の理由は2つ。1つは「被害者感情」で、1つは「誤報」だという。前者は、現場の交番があきらかになったことで被害者が特定され、二次被害を招くという理屈。後者は、加害者への制裁が懲戒処分ではなく監督上の措置なので「処分」という言いまわしは誤っているという理屈だった。

NHKは、情報を掴んでから放映に至るまでに何度も裏づけ取材を試みたらしい。それに対し、道警は「何も言えない」の一点張りで、しまいには「打つな」と言ってきたという。聞いた私は、その年の春に監察官が口にした「書いていいとも書くなとも言えない」のセリフを思い出した。やはり警察は、記者に対して「書くな」ということがあるのだ。あまつさえ、出入り禁止という措置をとることもできるのだ。

民放局関係者の1人からは、こういう証言を得た。

「何カ月か前にも地元民放が出禁になりましたよ。暴力団が市内の倉庫に大量の銃器を隠してるっていう話を、当局の意に沿わないタイミングで出したんですね。そういう個別のケースだけでなく、情報を統制したがる体質は道警全体に及んでます」

道外の複数の県で警察取材を経験してきたという30歳代の新聞記者は、割り勘で誘った焼鳥屋さんでビールジョッキを握り締めながらこう吐き捨てた。

「警察にとって都合悪いことを書いたら睨まれる、ぐらいのことは多かれ少なかれどこの県でもありますよ。しかし北海道警はあまりに露骨。度が過ぎてます。不祥事に限らず、普通の夜回りにもマトモに応じなかったり、会見開いておきながら何も答えなかったり。道警でサツ回り経験したらどこの県警でもやっていける、って言われてるほどですよ」

当初「無期限」とされていた出入り禁止騒動は、結果として9日間で収束した。道警幹部がNHKに対して上層部同士の「話し合い」を打診し、その席が持たれた夜に出禁が解除されたのだという。現場不在の「手打ち」と言ってもよい結末だった。

この話題を記事にしようと考えた私は、道警とNHKの双方に取材を申し込んだ。報じられた不祥事は事実か、出入り禁止は事実か、「話し合い」は事実か――。両者から届いた回答は、いずれも実質無回答といえるものだった。


本件は、報道発表を行なっていない事案であり、取材への対応もしておりませんので、お答えは差し控えさせていただきます。

（北海道警）


NHKと道警察との関係について、第三者に申し上げることは控えさせていただきます。

ご指摘の記事については、９月８日朝のニュースなどで放送しましたが、個別の取材先とのやりとりについてはお答えしておりません。

（ＮＨＫ札幌）

出禁や「話し合い」が事実としてあったという前提で書いた記事は、『北方ジャーナル』２０１６年11月号に掲載された。私は道警とＮＨＫの両者に掲載誌を寄贈したが、記事の内容に対する抗議や反論などはどちらからも届いていない。

＊

本書がまとまる２０１７年８月現在、北海道では引き続き警察職員のみが不祥事の全件公表を免れている。同年１月から６月までの「上半期」６カ月間では、懲戒処分が４件、監督上の措置が37件と、計41件の不祥事が記録されたが、道警は「警察庁の『指針』を参考に」全体の９割を超える38件を公表していなかった——。

第四章
発表されたケースを疑え

公文書開示請求で得ることができる文書の作成者は、北海道警察。つまり、不祥事を起こした職員に処分を与える側だ。処分される側の言い分は文書からはほとんど伝わらず、ひいては各処分が適切だったのかどうかを検証することが難しくなっている。〃見えない不祥事〃の問題は、ここにもあった。それはもちろん、積極的に発表されたケースの裏側にも潜んでいることになる。〃見せられた不祥事〃を、改めて検証する必要がありそうだった。

◆不祥事の背景には何があるのか

私のような記者にも、商売上の倫理のようなものは少なからずついて回る。未発表不祥事を書きまくったことで、現職あるいは引退した警察官たちの声に直接触れる機会が増えてきた。だが、彼らの役職や所属などを事細かに綴ることは控えざるを得ない。組織の内部で〃犯人捜し〃が始まるおそれがあるからだ。

そういうわけで、次に挙げる言葉の主が誰なのかを明かすことはできない。「職歴の長い現職警察官」とだけ言っておこう。

「監察の調べは、たしかに昔から恐かった。でも、今のように何でもかんでもすぐに粗探しするようなことはなかった筈。こんなことでは職場はよくならないよ」

別の警察官は、監察官の調査の実態を明かしてくれた。

「どんな小さな事案でも、見つけたらキリキリ責める。『辞職しろ』から始まって、あらかじめ決まったストーリーに持って行くこともしばしばです。各地の方面本部が調べる事案でも、指示はすべて札幌の道警本部から出されます。土・日・祝日に呼び出すとか、監察官は周りに知られないよう隠密行動をとる。事情を知らされるのは、たぶん署長とか一部の幹部だけでしょう」

さほど売れているわけでもない雑誌のライターに、彼らが組織内部の事情を話してくれるのはなぜなのか。その理由もまた、彼らの口から聞くことができた。

「記事の趣旨は、単純な警察叩きではないですよね。警察の不祥事は個々の警察官の問題ではなく、警察という組織の問題なんですよ。1つ1つの不正の背景には何があるのか、警察の体質に問題はないのか。そのへんを訴えるような記事に期待します。不祥事を隠すということは、組織の抱える問題も隠してしまうっていうことですから」

雑誌記者へ告発することで、彼らに何らかの利益があるとは思えなかった。告発者たちは「不正に手を染めるのはごく一部の職員。多くの警察官は真面目にやっている」というよくある結論で思考停止していない。当然のことだ。警察以外の職業に就く人たちも、多くは真面目にやっている。その上で、安くない税金を納めて警察官を養っている。

たびたび意見を仰いでいた元釧路方面本部長の原田宏二さんは「警察官は組織に守られている。1人になると弱い存在」と指摘する。その弱さが如実に顕わになるのが、たとえば不祥事を起こして監察官の調査を受ける時だ。

「警察にとって、不祥事というのはマスコミにバレた時に不祥事になるんです。不正などが発覚したら、まずはいかにして隠すかに血道を上げる。逆に、隠しきれないような事案は先手を打って発表してしまう。そこを見極めるのは監察官室の重要な役目です」

ならば、「先手を打って発表」されたケースを疑ってみよう。私はそう思った。

◆誰にも相談できず、不正に手を染めた

全面ガラス張りの部屋は、検察庁の執務室から丸見えだった。

水族館の水槽に閉じ込められた魚のような気分で、私は分厚い裁判記録と向き合っていた。右手の4色ペンは、回転する暇もなくA5判ノートの上を走り続けている。シラカバ花粉に反応して予告なく垂れてくる鼻水を拭うため、あてがわれた机のわきにはポケットティッシュを積んでいた。

札幌中央警察署に勤めていた男性巡査（22）＝当時＝の詐欺事件は、本書の第一章・第二章で少し述べた。落とし物の現金を複数回にわたって騙し取り、懲戒処分を受けた話だ。パチンコなどで借金をつくり、返済に困った挙げ句の犯行。拾得物の管理システムを悪用した詐欺は、当時の新聞記事を読む限りではズル賢い知能犯のやり口に思えた。

だが、本当にそうなのか——。

事件は、これまで述べてきたひき逃げや強制わいせつとは対照的に、道警によって積極的に発表されている。ひき逃げをひたすら隠す一方で、詐欺を進んで発表するのは、なぜだろう。疑問を抱いた私は、ことの詳細を知りたいと思った。そのころにはすでに事件の裁判が終わっていたため、詳しい事情を調べるには裁判記録を閲覧するしかない。法廷のやり取りや取り調べ時の供述などの中に、真実が隠れている筈だった。

その年1月に検察と裁判所に問い合わせていた裁判記録の閲覧が認められたのは、5月中旬のことだった。札幌地方検察庁の記録担当から伝えられた結論は、「閲覧のみ可・謄写は不可」。厚さ10センチ以上はある記録を1枚たりともコピーできないと知った私は、それから1カ月間にわたって地検に通い詰め、記録を手書きでノートに写し取り続けた。閲覧のために案内された一室がガラス張りだったのは、こっそり撮影することを防止するためだろうか。

ガラス張りの部屋で紐解いた記録によると、元巡査が不正に手を染めたきっかけは、やはりパチンコによる借金だった。札幌市西区の琴似留置場で、彼はそのいきさつを語っている。道警本部捜査2課の警部補が作成した調書の活字を目で追ううち、脳内に新人警察官の消え入るような声が響いてきた。

平成25年5月頃、当時の交番の上司だったと思いますが、警察官としてパチンコぐらい知っておかないと、仕事で困るぞと言われたことがあり、これも社会勉強の一つだと思ってパチンコをやってみることにしました。

社会人になって初めて知った遊び。新人警察官はたちまちパチンコのとりこになり、20万円あった貯金を2カ月で使い切ってしまった。すぐに生活費にこと欠くようになり、買い物にクレジットカードを使わざるを得なくなる。パチンコを知った半年後には、生まれて初めて消費者金融でお金を借りた。窓口で警察官だと名乗ると、融資の担当者が「50万円」の限度額を示したという。その借入枠を1カ月で使い果たしたため、源泉徴収票持参で窓口を再訪、限度額を一気に120万円まで引き上げて貰った。事情を知らない当時の上司はこのころ、彼に新たな散財を促している。

上司から勧められたこともあって、今年の2月頃から3月頃にかけて、ポールスミスというメーカーの腕時計やビジネスバッグ、財布を買いました。その他、スーツや自転車も買いました。

20万円の貯金をつくる甲斐性がなく、かつ時計や財布に関心がない私は、ティッシュを鼻に押し当てて嘆息した。パチンコ遊びを教えた先輩の名も、ブランド品を勧めた上司の名も、調書には残っていない。当人たちも、おそらく忘れているだろう。無機的な活字に目を落としてかぶりを振る私を気に留めることもなく、ガラスの向こう側では検察庁の職員たちがどこかの事件を肴に談笑している。

消費者金融の借入枠が拡大した4カ月後、元巡査はその120万円も使い切って首が回らなくなっていた。交番時代の同僚に借金の相談をしたことで、当時の上司にパチンコ通いが発覚、預金通帳を定期的に見せるよう指導される。借金の詳細を知られたくなかった彼は「通帳がみあたらない」とごまかしつつ、即座に給料振込先の金融機関を変えた。

犯行を決意したのは、２０１５年８月31日。携帯電話が利用停止になったことがきっかけだった。借金生活を始めてから半年ほど、初めて上司にパチンコを勧められてからは1年あまりが過ぎていた。

その日の朝、午前6時ごろに目を覚ました元巡査は、電話が使えなくなっていることに気づく。真っ先に頭をよぎったのは、職場での叱責だった。

携帯電話が停止されたことを職場に知られると、上司からパチンコを止めろと言われていたにもかかわらず続けていたことがばれてしまうばかりか、この携帯電話利用料金の滞納が原因で、クレジットカード会社や消費者金融からの借金もばれて、強く怒られると思いました。

そこから警察署に出勤するまでの30分間ほどのうちに、彼は横領の手口に思い至っている。北海道警内部で閲覧できる「ほくとネット」というシステムで落とし物のデータを照会し、落とし主を装って現金を受け取る、というものだ。

以前、事件捜査の関係で、被疑者の所在を確認するため、遺失物の照会を行ったことがあるのですが、そのとき拾得物も照会することができ、さらに、現金などの条件を入力して検索することが出来ることを知りました。

普段よりも1時間早く出勤し、課長の机の横にある「ほくとネット」の端末に向かった。「現金」「20万円以上」の条件で検索し、該当する物が少なかったため「10万円以上」に条件を変更したところ、これはという情報が得られた。白羽の矢が立ったのは、札幌豊平署に届け出があった現金17万円入りの黒色ポーチ。拾得された日から1カ月以上が過ぎた落とし物だった。

情報をプリントアウトし、自分の机から豊平署に電話をかけた。「17万円の落とし主から相談を受けた」と嘘をつき、確認のためと称してより詳しい情報を聞き出す。8時過ぎに出勤してきた直属上司に「携帯電話を紛失し、豊平署に届けられたらしいので、取りに行きたい」と告げ、捜査車輌で豊平署に向かった。

朝の電話で詳細情報を聞き出した相手は、豊平署の当直職員。足を運んだのは同署会計課。その時点で、元巡査は「落とし主から相談を受けた警察官」ではなく、落とし主自身に変わっていた。会計課に現金を落とした際の状況を訊かれ、電話で聞き出した情報をよどみなく答える。黒色ポーチの材質を問われた時は答えに窮したが、あてずっぽうの返答で切り抜けた。実物を示され「これです」と即答すると、会計課職員はあっさり信用してくれた。印鑑を求められ「持ってきていません」と答えると、「ではいいです」と、その場で現金17万円とポーチを手渡された。職場を出てから30分ほどしか経っていなかった。

携帯電話の振込用紙が付いた請求書を持ってローソンに入り、何を買ったのかは覚えていないのですが、食べ物と飲み物を買って、一緒に振込用紙が付いた請求書を出して、携帯電話の利用料金を払いました。

2度めの犯行を決意したのは、僅か3日後の9月3日。その前日、当直勤務の夜に刑事3課の端末から「ほくとネット」を閲覧、時間をかけてじっくり現金の落とし物を検索した。当直が明けると、その足でパチンコ店に直行、大負けを喫した。

給料日まで後20日近くも残っていましたし、9月5日は、同じ中央警察署に勤務する職員の結婚式に招待されており、その出席費用などが必要でした。

札幌南署に、封筒に入った現金15万円の落とし物が届けられていた。元巡査はそのころかかわっていた事件の張り込み捜査を装って外出、豊平署から17万円を騙し取った時とほぼ同じ手口であっさりそれを手にした。南署の会計課で「ポケットから落とした」と出まかせを述べると、担当職員がわざわざ「捨てた箪笥の中に入れっぱなしだったのでは」と訂正してくれた。

調書をノートに書き写しながら、私は心の中で「なぜ誰も気づかない?」と悪態をついていた。バクチや贅沢で借金を重ねている新人がいる。その本人が僅か4日間のうちに札幌市内2カ所の警察署で現金を受け取っている。勤務時間内に、警察官という身分を隠すことなく、だ。落とした状況をうまく説明できない彼に、会計課職員はわざわざ助け舟を出している。

3度めの犯行は、未遂に終わった。9月の給料が振り込まれた日の6日後、職場である中央署に届け出られていた現金18万円を騙し取ろうとしたところで、元巡査は初めて「署長決裁が必要」と告げられる。その場で現金を受け取ることができず、3日後になって上司に呼ばれ、落とした時の状況などを尋ねられた。矢継ぎ早の質問に、嘘をつき通せなくなった。

10月16日、逮捕。翌月6日、懲戒免職。道警はいずれもほぼ即時発表し、事件は大きく報じられた。それを伝える『北海道新聞』の記事は、本書の第一章で再現している。その年の道警の「異常事態」は、この事件から始まったのだった。

裁判記録をすべて読み終えるころには、6月も下旬になりシラカバ花粉の飛散も終わっていた。たどたどしい手書き文字で記された元巡査の反省文を、私は何度も繰り返し読んだ。

今回、警察関係の方々を始め、多くの人に迷惑を掛けてしまったこと、警察組織の信用を大きく損ねる行為をした事を深く反省します。申し訳ありませんでした。

警察官は組織に守られている、1人になると弱い——。原田宏二さんの声が頭をよぎる。新人警察官はその組織で初めて遊びを覚え、生活に窮し、それを誰にも相談できず、不正に手を染めた。組織はその不正に気づかず、2度も彼を見逃した。

「ギャンブル依存症」が治療の対象になり得る病気であることを、職場も彼自身も知らなかったのだろうか。

記録閲覧に先立つ取材では、高校時代の彼が地元の歴史研究などに熱心で、その研究発表を高く評価されていたことを知った。部活動で好成績を挙げていた記録もみつかった。その町を訪ねた私が彼の実家の呼び鈴を押した時は、父親と思しい男性が「帰らないと警察を呼ぶぞ」と、最後まで息子の楯になっていた。

結果として本人に接触できなかった私は、それでも往生際悪く、その思いを少しでも共有してみたいと思った。真面目だった青年の生活費を容赦なく吸い取り、借金までさせ、挙げ句に詐欺行為へと導いたギャンブルの魔力を、少しでも実感してみたかった。

記録を読み終えて札幌地検を出た夕刻、自転車で札幌中央署へ向かった。丸い窓が特徴的なその建物を一しきり眺めてから再びペダルを漕ぎ、市内中心部の「狸小路」へ。長いアーケードの下に商業施設が建ち並ぶその商店街は、かつてはさまざまな専門店が軒を連ねる街だった。だが老舗の看板は1つ2つと姿を消し、街の表情は大きく変わっている。高校の同級生だったカミさんと初めてデートしたハンバーガー店は健在だが、その隣にあった書店は札幌駅前に移転し、当時の面影は残っていない。マンガ売り場の棚が充実していた街の本屋さんは今、電子音をけたたましく響かせる娯楽施設に変わっている。

自転車を停め、そのビルに入る。自動ドアの奥に並ぶ席の1つに腰掛けてガラス張りの機械に向かい、ジーパンのポケットから千円札を1枚だけ抜き出した。

大学生の時以来だから、およそ四半世紀ぶりになる。当時とずいぶん勝手が違う仕組みに途惑いながらなんとか購入できた数十発の銀玉は、ピースを1本喫い終える前にすべてパチンコ台に吸い込まれていった。

◆「ノルマ」と「リスト」で、不正は加速した

JR函館駅にほど近い「金森倉庫街」。海の見える広い店内で、私は地元で人気のハンバーガーを頬張っていた。手元に拡げたノートには、函館方面森警察署の巡査長（28）＝当時＝が起こした点数切符捏造事件の取材メモが書き連ねられている。

事件は、「異常事態」のさなかに大きく報道されていた。40件以上の交通違反をでっち上げ、点数切符を捏造し続けた元巡査長は、落とし物を騙し取った巡査と同じく懲戒免職となっている。処分は道警によってほぼ即時発表され、私も公文書開示請求前に新聞・テレビでそれを知った。

切符捏造の方法は、ごく単純だった。警察の内部資料で管内町民の個人情報を入手し、3枚綴りの

点数切符に架空の違反を記録、署名と指印を偽造して上司に提出する、というものだ。犯行の動機は、「職場で評価されたい」「同僚に負けられない」との思いだったという。新聞記事で知った事件は、やはりその時点では1人の悪い警察官が起こした言語道断の不祥事だった。

だが、本当にそうだろうか。

この事件もまた、積極的に発表されたケースだ。監察官室長が記者会見まで開いて頭を下げたほどだ。ひき逃げを隠し続ける警察が進んで頭を下げるほど、それは悪質な犯罪だったのだろうか。元巡査長の裁判が函館で開かれることを知り、私は何度か当地へ足を運ぶことになる。倉庫街でハンバーガーを頬張っていたのは、2度めの公判傍聴に赴いていた時のことだ。その1カ月ほど前には、現場の渡島管内森町に赴いて被害者宅などを訪ね回っていた。同時期の初公判では、初めて傍聴席から元巡査長の姿を目にした。

倉庫街にあった「ラッキーピエロ」という名のハンバーガー店は、函館を中心とした道南のみでチェーン展開している「ご当地バーガー店」として知られる。一番人気が「チャイニーズチキンバーガー」という商品だと知り、迷わずそれを註文した。2枚のパンの間に、巨大な鶏の唐揚げが3個。妙な横文字を使わず「ザンギバーガー」でいいのに、と思いながら、私は午後からの裁判傍聴に備えてカロリー補給にいそしんでいた。

唐揚げのソースで口の周りを染めながら、ふと手元のノートに目を落とす。1カ月前に耳にした声を思い出し、思わず苦笑した。

「それは飽くまで『目標』であって、ノルマとは違うから」

初めて訪ねた警察署の中で、当時の副署長はそう弁明していた。聞きながら、私は内心「ああ、ルールを知らないんだな」と思ったのだった。

警察署の広報業務は、全国どこでもその署の副署長が担うことになっている。但し、その「広報」とは飽くまで「記者クラブへの取材対応」のことだ。クラブに加盟していない雑誌やフリーの記者は、まず確実に門前払いされる。すでに述べたガスボンベ事件の報道が過熱していたころも、現場の札幌北署を訪ねた私に返されたのは「何も話せない」の一言のみだった。このルールは徹底していて、札幌から何百キロと離れた地方の交番や駐在所などであっても「取材は札幌の警察本部へ」と言ってくる。ある地方で何軒かの交番を順に訪ね続けた時など、2カ所めを追い出された後に携帯電話が鳴り、出ると札幌の道警広報課からだった。「ご質問があれば広報課で対応しますから」というわけだ。

その日、私との面会に応じた森警察署の副署長は、そのルールを把握していなかったらしい。点数切符捏造事件について尋ねる私に、立ち話ではあったものの彼はごく普通に対応した。元巡査長の初公判で交通違反検挙の『努力目標』という言葉を耳にした私が「交通取り締まりにノルマがあるのか」と質すと、笑って否定し「飽くまで『目標』。事故や違反を1つでも減らすため設けている」と言い続けた。

最も訊きたかったことには、こう答えが返されている。

「組織の問題？ ないない。やっぱりその警察官自身に問題があったんでしょう。『目標』達成できなくてもペナルティはないし、悪いこととする必要ないから。多くの警察官は真面目にやってますよ」

一笑に付す、と言ってよい反応だった。

チキンバーガーを詰め込んだ腹を抱えて地元の裁判所を訪ねたのは、すでに述べたように2回めの公判を傍聴するためだ。裁判はこの日で結審、検察の求刑がある筈だった。傍聴席に報道関係者の姿が少なかったのは、2日前に起きた小学生男児行方不明事件の影響だろう。静かな法廷、黒のスーツで被告席に掛ける元巡査長は、1カ月前にそこで見た時と同じく、終始目を伏せ膝の上で拳を握っていた。

前月の初公判の日、裁判所を出た元巡査長に、私は声をかけている。背を丸め、重い足取りで路面電車の停留所を目指していたらしい彼は、ともすれば目の前の幹線道路を走る車に飛び込みそうな佇まいだった。無遠慮な直撃取材を試みる自分自身を棚に上げ、「こんな人、1人で帰して大丈夫なのか」と裁判所や弁護人に悪態をつきたい気分だったことを覚えている。声をかけて名刺を渡すと、相手は無言のままそれを受け取った。

「連絡なしでご自宅に行ったりはしませんので、どこかで一度お話伺えないですか」

「……」

「1つだけ。『目標』の件ですけど、あれは組織的な問題では」

「……それは、ないと思います。……私が悪かったと」

「ほかの署員も同じ不正をやるような可能性は」

「……いえ、私だけだと思います」

問いかける私の顔を一度も見ることなく、足下を見つめて歩き続けた元巡査長。その表情は、およそ5時間後に会うことになった森署副署長の屈託ない笑顔とあまりに対照的だった。

不正は、1年以上にわたって続いたという。「1件ぐらいなら偽装してもいいだろう」と、たまたま見かけた車の運転手の個人情報を『巡回連絡カード』などで照会したのが最初だった。交通違反の「白切符」にその人の名を書き込み、自分自身の指印を捺して上司の地域課長に『報告票』と『原票』を提出した。

捏造に気づいた署員は、1人もいなかった。勝手に名前を使われた運転手たちも、長いことその被害を認識できなかった。シートベルト違反などに伴う白切符は、交付されても反則金や刑事罰が発生せず、違反点数1点が課されるのみだ。捏造されたとしても、被害者が切符の僅かな加点に気づくのは難しい。

元巡査長はその年、高齢者ばかりを選んで3件の違反を捏造した。そこでいったん不正をやめ、再び「真面目に」勤務し始める。ところが年度が変わる翌年春から、長い空白期間を経て犯行を再開、以後の半年間で37件の違反をでっち上げることになった。机の中に入っていたという『違反者リスト』を活用しての犯行だった。

初公判の冒頭陳述で、検察はこの『リスト』について説明している。

森警察署交通課員が交通違反者の情報をとりまとめたもので、巡回連絡の際に役立てて欲しいとして地域課員に配布していたものであった。

表計算ソフト・エクセルでその一覧表が作成されたのは、不正が始まる前の年だったとされる。過去に軽微な違反をしたことがある町民の住所や生年月日、車のナンバーなどを網羅した、個人情報の宝庫。切符捏造にはうってつけの資料といえた。初公判では、これを「知らなかった。作成も指示していない」とする地域課長の供述が読み上げられた。私が訪ねた副署長も「聞いたことがない。そういう物は必要ないし、作られるべきではない」と断言した。

だが、裁判ではその存在が認められている。捏造40件中37件については、『リスト』が後押しした結果であることも指摘された。

とはいえ、なぜそれほど多くの違反をでっちあげなくてはならなかったのかという疑問は残る。その答えは、やはり初公判時の冒頭陳述にあった。

函館方面森警察署地域課では、署所在地交番に勤務する警察官には「年間１００件の交通取り締まりを行なう」との目標が定められていた。

１人年間１００件の「目標」。

当時、同署の地域課には交番勤務の警察官が12人いた。森署の管轄区域は、所在地の森町と隣町の鹿部町。人口は、2町合わせて2万人強だ。仮にその6割ほどが運転免許を持っていたとして、交番勤務の警察官全員が「目標」を達成するためには、町内の運転者10人に1人が毎年取り締まりを受けなくてはならないことになる。これは飽くまで「地域課」のみの数字で、もし交通課にも「目標」があったとしたら当然数字は増えてくる。

『リスト』の存在を否定した道警は、この「1人100件」も否定した。初公判後に私が寄せた質問に対し、本部広報課は「公判中の事件に関わることなので回答を控える」としつつ、「目標」については次のようなコメントを残している。

警察本部として、警察署等単位の指標を個人単位で割り振るような指導はしておりません。

警察と検察の、どちらかが嘘をついていることになる。元巡査長自身は法廷で、この「目標」にプレッシャーを感じていたのが犯行動機だったと語った。

犯行が発覚したのは、複数回の捏造によって累積点数が「6点」に達した被害者のもとに「違反者講習」の通知が届いたことがきっかけだった。通知を受け取ったパート従業員の女性が、その日のうちに運転免許試験場に電話、切符に署名したとされる日時には取り締まりを受けていないことを説明した。主張を裏づける買い物のレシートや職場のタイムカードも残っていた。

その女性は、私の取材に対してこう明かしている。

「それからもう、何回森署に呼ばれたか。さんざん協力した挙げ句『内密に』とか言われるから、思わず『はあ?』って言ってしまったわ」

狭い部屋のパイプ椅子で任意の捜査に協力し続けた女性は、何度めかの訪問で署長室の革張りの椅子に腰かけさせられた。迎えた署長は「切符は捏造だった」「被害は口外しないで欲しい」と懇願してきたという。

累積6点で違反者講習の通知が届けられることを、元巡査長は知っていた筈だ。犯行は、稚拙なものだった。40枚の切符に残る署名の筆跡や指印の印影がすべて同じであることに、署員の誰も気がつかなかった。すでに廃車となった車の取り締まりにも、何ら疑問が寄せられなかった。その結果、『リスト』記載情報のほぼ全件が捏造に利用されることになった。半年間で複数回の被害に遭った人もおり、それは講習の通知を受け取った女性を含めて17人に上った。

第2回公判では、元巡査長の父親が情状証人として出廷、目の前に座る息子の人柄を「家族に悩みを打ち明けることができないタイプ」と評した。結審間際、若い弁護人は「森署の杜撰なチェック体制がなければ犯行は繰り返されなかった」と、執行猶予判決を求めた。私は閉廷後、初公判の時と同じく裁判所を出る元巡査長の背中を追ったが、この日はしっかり弁護人が彼をガードしていた。その様子を見て、私は足を止めた。

問いを向けるべきは、彼ではない。札幌に戻るや否や道警に公文書開示請求を行ない、『違反者リスト』の開示を求めた。

ところが。

6月上旬に届いたベージュ色の封筒には『公文書不存在通知書』が入っていた。『リスト』が存在しない理由を、道警は次のように綴っている。


組織的に用いるものとして、当該実施機関が管理していないため。


膝から力が抜け、紙を手から落としかけた。裁判で検察が言及した文書は、存在しない。「ノルマ」は、組織的なものではない。道警は、飽くまでそう言い続けるつもりなのだ。

6月末、三たび函館に足を運んだ私は、「チャイニーズチキンカレー」なるメニューで胃を満たしてから裁判所を訪ねた。元巡査長への判決言い渡しに、傍聴人として立ち会っておきたかった。

懲役3年・執行猶予3年の有罪判決を言い渡した橋本健裁判長は、「目標」や『リスト』に一切言及することなく、その犯行を「巧妙で常習的」と断じた。場当たり的で稚拙な捏造を「巧妙」と言い、散発的だった不正が『リスト』入手直後に激増したことを「常習的」と言う。傍聴席で固まっていた私の耳に、抑揚のない声が響き続けた。

「自己の職務の実績を上げるために本件各犯行に及んだというのであり、その身勝手な犯行動機に酌量の余地はない」

警察は、事実上のノルマといえる「年間100件」の「目標」を定めた。そのプレッシャーから不正をはたらいた警察官の犯行を『違反者リスト』で加速させ、40件の捏造を見逃した。発覚後は被害者に「内密に」と懇願し、しかし隠しきれないと悟るや加害者を逮捕、懲戒免職処分を公表した。裁判が始まってからは組織的な問題を否定し続け、法廷で検察が認めた事実さえも「存在しない」と言い切った。

その警察は、裁かれることがない。裁かれるのは、組織を逐われた1人の「身勝手な犯行」だけだ。札幌に戻る特急「スーパー北斗」の車中、コンビニエンスストアでみつけた「いか明太子焼き」をつついてビール1缶とハイボール3缶を空けた。

列車が「森駅」に停車した時、法廷で耳にした29歳・無職の青年の言葉を思い出した。今後は、実家の兄と同じ介護関係の仕事を探すという。その場にいない彼に「私がライターを始めたのは今の君と同じ歳のころだった」と言葉をかけた。夜勤の警備員、芸能事務所スタッフ、学習塾講師、バス広告のセールス……。いくつかの職を転々とし、30歳で夕刊紙の記者になった私は、以来20年近く同じ仕事を続けている。そうなったのは、ほぼなりゆきだった。

「警察だけが仕事じゃないぞ」

アルコールのせいで本当に口に出して語っていたかもしれないが、幸い列車はガラガラだった。

◆「やっていないものはやっていません」

私は何かと手紙を書く。

新聞・テレビの最前線で走りまわる若い記者ほど体力がなく、知恵もやる気もはるかに劣るオッサンが、それでもたまに独自の情報を得ることができているのは、手紙に反応して取材を受けてくれる人が時々いるからだ。どこの社も接触できていない重要な事件関係者にじっくり話を聞くことができた時など、「なぜほかの記者は手紙を書かないんだ」と首を傾げることがある。その年も例年に洩れず、不幸な事件の被害者や加害者、また彼らの家族などに手紙を書き続け、そのうち何人かと会うことができていた。接触前に1度記事を書き、その雑誌を送ることもあった。ガスボンベ事件のように、手紙ならぬ「差し入れ」を続けたケースもある。どちらにしても、こちらからはたらきかけないことには取材が始まらない。

そう思っていた、彼に会うまでは。

2015年1月、札幌東警察署の地域課に勤める巡査（31）＝当時＝が強制わいせつの疑いで逮捕された。夜、自宅にほど近い小樽市の路上で女子高校生に声をかけ、歩道の雪山に押し倒して下着の上から下半身を触ったのだという。巡査は当初から一貫して犯行を否認していたが、警察も検察も裁判所もこれを突っぱね、翌16年4月に有罪判決が言い渡される。すぐに控訴の手続きがとられたが、道警は判決確定を待たずに彼を懲戒免職処分とし、報道発表した。私が情報開示請求で入手した『平成28年 懲戒処分一覧』では、16件ある懲戒処分の一番上の欄に元巡査の強制わいせつ事案が記録されている。

その事件は、控訴棄却の判決が出るまでまったく取材していなかった。「積極的に発表されたケースを疑う」という考えが生まれる前だったため、新聞・テレビで伝えられる事件の内容を単純に事実として受け入れていたのだ。

「即日棄却かと思ったら、違いました」

大手メディアの記者からそんな連絡を受けたのは、その年の7月下旬。ガスボンベ事件の被告女性の実刑判決が確定するころだった。連絡をくれた相手が「ボンベ事件は即日棄却だったのに」と不思議がりながら伝えてくれた事件こそ、元巡査の強制わいせつ事件だった。

「一審判決後の会見、本人も出てましたよ」

本人？

元巡査本人の言い分を新聞・テレビで目にした記憶はなかった。大手各社は、彼の主張を伝えていないのではないか。慌てて控訴審の判決言い渡し日を尋ねると、9月下旬という。A5判ノートにその日程を書きつけ、手の中のペンを回し始めた。

強制わいせつで逮捕された元警察官が、自ら記者会見に出た。一審の有罪判決に控訴を申し立て、冤罪を訴え続けている。一度「手紙」を……。いや、その必要はない。

ノートの別のページには、判決が言い渡される日の9日前に札幌市内で開かれる催しの日程が書き留めれていた。参加者の1人に、元巡査の裁判で弁護人を務めている人がいる。その弁護士に接触してみよう。記者会見の予定を訊き、もしも元巡査自身がそこに顔を出すならば、本人に取材を打診してみよう。

9月20日、その催しが開かれた。「恵庭OL殺人事件」の弁護団によるシンポジウムだ。交際していた男性をめぐるトラブルで職場の同僚を殺したとされ、実刑判決を受けて服役中の女性は、その年の春に再審請求を棄却されていた。その後の高等裁判所への「即時抗告」も棄却され、最高裁への「特別抗告」を申し立てているさなか、再審弁護団が被害者の死因や殺害方法などに異を唱える集会を開いたのだった。「東住吉事件」の再審無罪を導いた科学鑑定の専門家を招いてのシンポジウムには、100人あまりが足を運んだ。

そのシンポの終了後、弁護団の1人・中山博之弁護士が会場の椅子を片づけているところを捕まえ、尋ねた。

「強制わいせつの一審判決後、レクやるんですか」

中山弁護士が元巡査の弁護人を務めていることは、すでに知っている。パイプ椅子を抱えて振り向いた彼は、一瞬驚いた表情を浮かべつつ記者会見の予定を教えてくれた。そして、足を止めてこう訴えた。

「あの事件はひどいよ。絶対やってないよ、彼」

「絶対」の部分に、ひときわ力が込められていた。

その9日後の法廷で、しかし有罪判決は覆らなかった。札幌高裁の高橋徹裁判長は控訴棄却を言い渡し、さらに「上告の権利はあるが最高裁は憲法判断などしか採り上げない」と、暗に権利行使の断念を促しさえした。

判決後に行なわれた弁護人の記者会見には、やはり元巡査自身も同席した。小柄ながらがっしりした体に着込んだ黒いスーツの前ボタンを留め、両膝に手を載せてじっと弁護団を見つめている。終了間際、中山弁護士らに促されて報道陣を前に口を開いた。

「やっていないものはやっていません。絶対に無罪を勝ち取りたいと思っています」

会見を終えて司法記者クラブの部屋を出る彼を追いかけ、名刺を渡した。詳しい話を聞きたいと持ちかけると、元巡査は両手で名刺を持ったまま腰を90度近くまで曲げ、深く頭を下げた。

「ぜひご連絡ください。なんでもお話しします」

思った通りだ。「手紙」は必要なかった。

後日訪ねた元巡査の自宅は、札幌の郊外に建つ小さなアパートだった。夫婦と子供2人の、4人世帯。逮捕前まで住んでいた戸建て住宅からは引っ越しを余儀なくされたという。遊び盛りの筈の5歳の長男はインタビューを邪魔することもなく、居間のドアから不安そうに見知らぬ来客を観察し続けていた。

「事件以来、子供も何かに脅えたようになってしまって。これでも一時よりは元気が戻ってきたんですけど……」

元巡査は逮捕後、留置場の中で何度も自殺を考えた。彼の冤罪を信じる親類や知人たちは、異口同音に「『クソ』がつくほど真面目な男」とその人柄を評する。「やっていない犯罪」で取り調べを受け、身柄を拘束され続けることに、繊細な神経は耐えられなかった。保釈後も発作的に刃物を手にするなど壮絶な日々が続き、目の前でそれを見続けた子供たちは父親の不安定な心を敏感に読みとることになる。元巡査と同世代の妻は、時に体を張って夫の自殺を防ぎ続けた。

その妻は、警察一家に生まれた。父と弟が警察官で、叔父もOBの1人。ほかの親類も含めると警察関係者は10人に上る。会社員だった元巡査は彼女との結婚を機に警察官を志すことになり、28歳で北海道警に採用された。札幌東署の地域課で2カ所の交番勤務を経験し、同じ課のパトカー勤務を始めて2年めを迎えた冬、事件は起きた。

その日のことを、彼自身はこう振り返っている。

「当直明けで、本来なら昼前に仕事を終える予定だったので、子供たちと一緒に『トミカ博』というイベントに出かける約束をしていました。ところが午前中のパトロールで車2台の接触事故に出くわして、その対応をしないといけなくなった。その時、一方の運転手さんから少しお酒の匂いがしたんです。『父さん、ちょっと調べさせてくれる?』と頼んで検査させて貰ったら、やっぱりアルコールが出てきた。その処理に時間がかかってしまいまして」

さらに、前回の当直時に起きた作業事故の報告書を当日中にまとめるよう、上司に指示された。「トミカ博」は延期せざるを得なくなり、妻に連絡。その後、すでに退勤していた後輩のミスがみつかり、彼に代わって書類を整理し直す作業も発生した。結果的に署を出ることができたのは、当初予定をはるかに過ぎた午後7時過ぎだった。

この時点で元巡査は、前々日からの3日間で計5時間ほどしか睡眠をとれていなかった。東署から500メートルほど南に地下鉄「北13条東」駅があり、そこからの電車利用を一瞬考えたが、結果的には普段の習慣に従って2キロ半ほど離れたJR札幌駅を目指すことになる。肩に3キロの重さのショルダーバッグを提げ、雪道を歩いた。

「札幌駅で、小樽行きの快速に乗りました。その列車は最寄りの『ほしみ』駅を通過してしまうので、1つ手前の『手稲』でいったん降りて普通列車に乗り換えないといけなかったんです。ところがそこを乗り越してしまって、一気に5駅先の『小樽築港』まで乗り続ける破目になった。同じようなことは過去に何度かあって、妻に頼んで車で迎えに来て貰ったこともありました。ただその日はもう8時近かったので、妻に遠慮して電話を諦めたんです。そこで遠慮せずに連絡していれば、あんなことにはならなかったのに……」

小樽築港駅で反対方向の列車に乗り換え、もと来た鉄路を折り返して「ほしみ」に着いたのは、午後8時40分。同じ駅で、被害者とされる女子高生も降車した。駅のロータリーを過ぎ、片側2車線の国道に沿った歩道で、2人は互いを認識することになる。暗い雪道に、ほかの通行人の姿はなかった。そこから西に500メートル弱の地点で、元巡査は女子高生を雪山に押し倒したとされている。

「もしも自分が犯人だったらどうするか、と考えました。結論は、あんな所では絶対にやらない。

自ら『捕まえてくれ』と言っているようなものですから」

「クソ」がつくほど真面目と評される元巡査は、曇りのない目で自らの潔白を訴える。「雪山に倒れ込んだ女性を助け起こそうとしたら、急に相手が叫び出したため、驚いてその場を走り去った」というのが彼の主張だ。話を聞いた日の2日後、私は当時の彼と同じようにJR列車を使って現場まで行ってみた。札幌と小樽の市境近くに建つ「ほしみ」駅で列車を降り、南口改札を出ると、頭上に大きな監視カメラがあるのがわかった。駅舎を出てロータリーを抜け、国道を西方向に歩くと、現場の少し手前にコンビニエンスストアが建っていた。店の駐車場に面して、やはり大きなカメラがついている。

あんな所では絶対にやらない――。

元巡査の言葉通り、もしもそこで強制わいせつに及ぶ男がいるとしたら、その男は自ら捕まえてくれと言っているに等しい。

被害を訴える女性は、ではなぜ「押し倒された」と言い続けるのか。実はその1年ほど前、駅の近くで彼女は「不審な男」にあとをつけられる体験をしていた。具体的な被害はなかったものの、その記憶は恐怖とともに長く残ることになる。事件があったとされる夜、ほかに誰も歩いていない雪道で元巡査の姿を認めた女性は、それを「前に会った男」だと思い込んだのだった。

複数のカメラ映像や女性の携帯電話の通話記録から割り出された犯行時間は、3秒間。その短い時間内の犯行が不可能なことや、女性を押し倒したとされる左肩に重さ3キロのバッグがあったこと、現場附近に元巡査の足跡が1つも残っていないこと、女性の着衣からもDNAなどが検出されていないこと、時間を経るにつれて女性の証言が揺らいできたこと――、などが法廷で示されたが、裁判所はこれらをことごとく受け入れなかった。札幌地裁の薄井真由子裁判長が言い渡した一審判決は、懲役2年6カ月・執行猶予3年。理由の朗読後に退廷する姿が、元巡査の目には「そそくさと背を向けた」ように映った。その背に投げかけられたという、「私はやっていません！」の声。一審の公判を傍聴できなかった私の耳にも、その声が響いたような気がした。

2度めに元巡査と会ったのは、彼の自宅からほど近いショッピングセンターのフードコートだった。その後、市内の建設会社に就職が叶い、現場仕事に汗を流しているという。履歴書に事件のことを書かずに入社したものの、採用後に黙っていられなくなり「実は」と切り出すと、社長は「気にしないで頑張れ」と言ってくれた。そんな話を、言葉を噛み締めるように語るのだった。少し元気が出てきたらしい2人の子が、ふざけて周囲を走り回っている。彼らを気にしつつ、私は尋ねた。最高裁が一審判決を覆す確率は極めて小さい。執行猶予で自由の身になり、再就職も果たした。それでも上告するのか――。

まっすぐこちらに顔を向け、元巡査は答えた。

「統計的に上告が受理される可能性が小さいことは知っています。ただ、私の2人の子はいずれ必ず事件を知ることになる。有罪か無罪かという結果も重要ですが、もっと大切なのは私が最後まで堂々と真実を貫くことじゃないか。そう思ったんです」

前章の後半で、懲戒処分の「余罪」が記録された文書に触れた。その1つに、懲戒審査委員会の審査の模様を記録した『議事録』がある。私が入手した2015年の『議事録』は、たった1件を除く全件がA4紙1枚に収まっていた。審査の時間も10分から25分間ほどと、決して長くない。

その中にあって「たった1件」の例外は計10枚に及び、1時間を超える審査の様子を記録していた。その口頭審査に証人を伴って参加した元警察官こそ、強制わいせつを疑われた元巡査だった。彼は法廷で無実を訴え続けるだけでなく、道警の懲戒処分に対しても異議を唱えていたのだ。

だが、肝心の文書は10ページにわたって墨塗りだらけだった。2ページめ以降は開示された部分が1つもなく、海苔弁当ならぬ「ただの海苔」が9枚連続するだけの代物だった。元巡査の主張はすべて非開示。証人の証言も、審査委員たちの見解も、何もかも一切わからない。強制わいせつの事実がどういう過程で認められ、「免職」の結論がどのように導き出されたのかは、誰も検証できないのだ。警察は、不祥事を隠すだけではないのだ。不祥事を否定する当事者の言い分をも隠してしまうのだ。

元巡査はその後、処分を不服として審査請求を申し立て、2017年1月には北海道人事委員会の審尋(口頭審理)に臨んだ。カメラ持参でその場に立ち会おうとした私はその日、会議室の入口で道職員に入室を拒まれた。私自身が開示請求への不服で審査請求を申し立てた時の意見陳述は公開で行なわれたが、元巡査の口頭審理は完全非公開で進められるという。無表情の退去勧告に、私はもはや驚かなかった。この役所は、なんでも隠す。密室でことを進め、その過程も永劫公開しない。そういう所だ。

3月下旬、元巡査の請求は棄却された。本書がまとまる8月現在、彼は強制わいせつ裁判の上告判決を待ちながら、人事委の裁決を不服とする訴訟の提起を検討しているところだ。職場の建設会社では営業職に異動し、ネクタイ仕事になっていた。

「寝る間もないぐらい忙しくなりました。ありがたいことです」

地元の札幌ではもう、事件が話題に上ることもなくなった。だが当時の取り調べに心を病み、「お前が死ねばすべて治まる」との幻聴に悩まされた不器用な青年にとって、事件はまだ終わっていない。

◆日本で一番残念な無罪

指定された座席に着くと、周囲は文字通りの老若男女だった。

普段はもっぱらＤＶＤのレンタルで映画を観ている私は、その年に限って3度も映画館に足を運ぶことになった。久しぶりにスクリーンで鑑賞した3本のうち2本は、ともにドキュメンタリー作品。米国政府の監視活動を曝露したエドワード・スノーデン氏が被写体の『シチズンフォー』と、ゴーストライター事件で世を騒がせた佐村河内守氏に密着した『ＦＡＫＥ』の2作だ。いずれもいわゆる単館系の作品で、札幌ではミニシアターの「シアターキノ」で上映された。残る1本は劇映画の娯楽作品で、上映館もシネマコンプレックスといわれる大きな劇場だった。

こんなお年寄りや学生さんたちがあの事件に関心あるのかね――。

座り心地のよいシネコンの椅子に背中を預けて広い客席を見渡す。しばし感慨に耽りつつ、手すりのカップホルダーは左右どちらが自分の席に属するのだろう、などと途惑っているうちに場内の明かりが落ち、映画『日本で一番悪い奴ら』の上映が始まった。

実話を基にしたその作品は、すでに活字の形で世に出ていた。『恥さらし』というタイトルのその本を書いたのは、北海道警元警部の稲葉圭昭さん。自身が手を染めた違法捜査の数々を振り返り、道警の組織的な犯罪を暴く内容だ。暴力団を銃の摘発に協力させ、その見返りに大量の覚醒剤密輸を見逃す。それこそ映画のような話に仰天し、私は同じ本を4冊も買い求めることになった。自室が足の踏み場もないほど本の山になっており、一度読了した物を再読しようと思っても発見が難しいため、同じ本を複数回買うことになったのだ。挙げ句には電子書籍まで購入してしまった。

映画は、ほぼ原作に忠実に映像化されていた。何度も読んだ話ではあるが、改めて映像で目にすると当初の仰天が蘇る。2時間あまりの上映が終わったころには、どっと疲れて体が重くなっていた。

描かれていた「稲葉事件」は、本書の第一章で触れた「裏金問題」と並び、今世紀に入ってから起きた道警の超ド級の不祥事といえた。

2002年7月、稲葉圭昭さんは覚せい剤取締法違反で逮捕される。現職警部の薬物使用は驚きとともに大きく報じられ、さらに銃刀法違反で再逮捕の報が流れると、地元マスコミは騒然となった。時を同じくして稲葉さんの上司の1人が自殺、さらにその翌月には「捜査協力者」だった男性が拘置所の中で自殺した。私が関心を寄せた2015年秋の「異常事態」を遥かにしのぐ、前代未聞の有事。その背景には、何があったのか。

1995年3月に起きた、警察庁長官狙撃事件。白昼の路上で全国警察のトップが何者かに撃たれた事件は、各地の警察に銃器摘発の加速を促した。元釧路方面本部長の原田宏二さんが「平成の刀狩り」と呼ぶことになるその捜査には、事実上のノルマがあったという。とにかく1挺でも多く銃を押収できればよいとばかりに、持ち主不明の「クビなし拳銃」の摘発が相継ぐことになる。その多くは、自作自演の捜査だった。

道警で長く暴力団捜査の現場にいた稲葉さんは、複数の捜査協力者を抱えていた。稲葉さん自身の著書によれば、協力者は「スパイ」の頭文字を採って「S」と呼ばれていたという。そのSたちの協力で稲葉さんは次々と「クビなし拳銃」を摘発し続け、道警の「ノルマ」に大きく貢献した。暴力団員から銃を仕入れ、それらをあたかも適正な捜査で「摘発」したかのように装い、成績を挙げる。1挺、また1挺と信じられないスピードで摘発を続ける稲葉さんを、当時の上司たちは重宝がり、「エース」ともてはやした。

その上司たちは、現場の苦労を知らない。本書の第一章で「裏金問題」に触れた際に述べたように、適正な捜査に使われるべき捜査費はほとんど裏金となり、幹部の飲み喰いなどに消えていった。Sたちの世話をしたり銃を入手したりする経費を、稲葉さんは自腹で捻出しなくてはならなかったのだ。ほどなく覚醒剤密売に手を染めたのは、拳銃摘発に身銭を切り続けた挙げ句の選択だった。本業である銃器捜査に必要な資金を、違法な密売で賄わなくてはならなかったわけだ。

費用の問題だけではない。違法捜査に協力するSたちは、いわば警察の弱みを握っていたことになる。そういう彼らが何の見返りも求めずに協力を続けるわけもなかった。協力には、協力をもって応えるしかない。Ｓたちは暴力団などを通じてせっせと銃を供給し続け、その見返りに警察は彼らの違法行為に目を瞑り続ける。そういう「協力関係」に至ったのは、いわば必然だった。その関係がピークに達したのが、２０００年に起きた「泳がせ捜査失敗事件」だったという。

拳銃を大量に密輸・摘発させるから、代わりにシャブの密輸を見逃して欲しい――。そんな提案をＳの１人から受けた稲葉さんが当時の上司たちに相談すると、上司は提案を受け入れた。拳銃２００挺の見返りに、覚醒剤１３０キロ、大麻2トン。税関までも巻き込んで行なわれた大規模な取り引きはしかし、結果として破綻した。薬物のみがあっさりと持ち込まれ、銃はいつまで経っても摘発できなかったのだ。道警は、大量の覚醒剤・大麻の密輸に組織ぐるみで協力しただけ、ということになる。取り引きを提案したＳはその後行方がわからなくなり、裏切られた稲葉さんは「重い十字架」を背負うことに。やがて銃器捜査の現場から外される形で、事実上仕事を干された。自暴自棄になり、それまで決して自らは使っていなかった覚醒剤にも手を染めた。さらに愛人を囲い、高級車を乗り回す日々。荒んだ生活の中、何度も「死にたい」と思った。そのころには、世話をしていたＳの誰もが稲葉さんの覚醒剤使用に気づいていたという。

その１人が、覚醒剤持参で警察に出頭。逮捕後の供述で稲葉さんの薬物使用を告発し、道警は現職警部の逮捕に踏み切った。この時の告発者こそ、その後拘置所内で自殺した人物だ。稲葉さんの逮捕直後に上司の１人も自殺していたことは、先述の通り。のちに道警は組織ぐるみの不正を否定し、その責任はすべて逮捕された稲葉さんや亡くなった上司などが被ることになる——。

映画の原作者にして主人公のその人に初めて会ったのは、作品の封切から8カ月ほどが過ぎた2017年2月。薬物事件の刑期を終えて札幌市内に探偵事務所を設けていた稲葉さんを訪ねたのは、違法なおとり捜査が疑われる「アンドレイ事件」について話を聞くためだった。

1997年11月に起きたアンドレイ事件は、銃器の摘発に躍起になっていた道警が仕込んだ「やらせ」だったという。すでにエースと目されていた稲葉さんは、Sの1人だったパキスタン人を通じてロシア人船員アンドレイ・ヴラジーミラヴィチ・ナバショーラフさんに拳銃を「密輸」させ、受け渡しの直後に銃刀法違反（拳銃所持など）で逮捕した。「銃を持ってきたら日本車と交換してやる」。そうナバショーラフさんをそそのかしたパキスタン人は、道警によってその存在を事件の記録から消されることになる。裁判所は「パキスタン人などいなかった」という警察の主張を素直に信用し、ナバショーラフさんに懲役2年の実刑判決を言い渡した。

その判決から20年を経て裁判のやり直しが決まり、札幌地裁で再審初公判が開かれる前日。探偵事務所を訪ねた私の前で、稲葉さんは口を開いた。

「みんな隠しごと抱えたまま人生を終えるつもりなんだろうか」

本や映画で派手に暴れ回っていた主人公と同一人物とは思えない、ゆっくりと落ち着いた語り口。短く刈り込んだ髪には白い物が多く交じる。私とは1回りほどしか歳が離れていない筈だが、それまで見てきた景色や吸ってきた空気はあまりに違った。さりとて、こちらを突き放すような近寄り難さがあるわけでもない。不思議な親近感を覚えながら、私は4色ペンをノートに走らせ続けていた。

組織ぐるみで嘘をついてまで銃器事件を捏造したのは、なぜなのか。すでに本で知っていた当時の道警の異常な「銃器バブル」を、渦中にいた稲葉さんの口から直接聞いてみたかった。

「上司は『クビなしでいいから1挺でも多く』って言う。それで、ヤクザから銃を買って駅のロッカーに入れ、それを自分で〝押収〟するような無茶苦茶をやってました。さらに、銃を持参して出頭した者は罪に問わないという『自首減免規定』ができてからは、ヤクザとか捜査協力者を説得して何人も〝自首〟させた。『捕まらないから大丈夫だ』って伝えて」

しかし、クビなしや自首減免での押収が増えるほどに、所持者逮捕を伴う「身柄事件」の少ないことが目立ってくる。銃器対策課としては「恰好がつかなくなった」。

「そこに、アンドレイの話が舞い込んできた。たまたま彼だっただけで、誰でもよかったんだ。……彼には悪いことをした」

一介の船員として小樽港を訪ねたナバショーラフさんは、事件当時27歳。沿海地方の小さな村で暮らす彼の生活は、およそ銃器と縁がなかった。その素朴な青年に拳銃の持ち込みをそそのかしたのは、道警の捜査協力者だ。

日本製の中古車に憧れていたナバショーラフさんに、中古車販売業のパキスタン人は「銃と交換してやる」と持ちかけた。困惑しつつ「蟹を持参する」と申し出た青年に、相手は「蟹はいらない。拳銃なら」と重ねてきたという。一旦ロシアに戻ったナバショーラフさんは、祖父母の家に残されていた父の形見の銃を持ち出し、再び小樽港へ。そこで船を降り、車を融通してくれる筈のパキスタン人に拳銃を渡そうとした直後、岸壁のあちこちに待機していた15人以上の捜査員に取り囲まれた。逮捕の瞬間、稲葉さんは「逃げれ！」と叫んでパキスタン人の背中を強く押したという。前夜の捜査会議で、「パキスタン人はその場にいなかったことにする」との方針が決まっていたからだ。

典型的な「犯意誘発型」のおとり捜査。ナバショーラフさんは、もともと罪を犯す意志を持っていたわけではない。「車が欲しい」と相談しただけだ。その彼に「銃を持ってこい」と促したのは、警察のほうなのだ。つまり〝主犯〟は警察。だがそれを知る証人、つまりパキスタン人は見事に現場から消え失せ、裁判でもその存在を否定された。検察は「銃を密輸したロシア人」に懲役3年を求刑、裁判所は同2年の実刑判決を言い渡し、ナバショーラフさんは服役した。

捜査協力者のパキスタン人を使って事件をでっちあげることを決めたのは、稲葉さんの上司にあたる銃対課の幹部たち。名前がはっきりしている4人のうち1人は、事件の5年後に自殺した。すでに述べた、稲葉さんの逮捕後に亡くなった人物だ。残る3人は今も札幌市内に住み、それぞれ行政書士、地元町内会長、及び民間企業の社外監査役を務めている。

彼らの居所はすぐに知れた。稲葉さんに会う前年の春にアンドレイ事件の再審開始を決めた札幌地裁の佐伯恒治裁判長は、当時の捜査を「およそ犯罪捜査の名に価するものではなく、重大な違法があるのは明らか」と厳しく批判していた。批判された元幹部らに、反論はないのか。私は3人の自宅に何度か足を運んだ。

元課長は、自宅の呼び鈴を押しても、電話を鳴らしても、ついに出てこなかった。

元次席兼指導官は、1度だけインターフォンの向こう側に低い声を響かせ、妻と思われる女性に「いないって言え」と命じていた。

元課長補佐は、私の訪問に由来不明の陽気な声で応じ、「はい、話すことはありませんので—」と軽やかに言い放ってインターフォンを切った。

違法捜査を肯定も否定もしない元捜査幹部たち。稲葉さんの言うように「隠しごと抱えたまま人生を終える」つもりらしい。

同じ姿勢は検察にも見られた。ナバショーラフさんの弁護を引き受けた吉原美智世弁護士が、当時の裁判で「パキスタン人はいない」と偽証した捜査員たちを札幌地検に告発した時、検察官は全員を起訴猶予処分とした。のちに検察審査会が「起訴相当」の議決を出し、地検は再捜査を余儀なくされたが、結果はやはり全員が嫌疑不十分で不起訴。その処分を決めた検事は、再審開始が決まった2016年から鳥取地検の次席検事を務めている。同地検に取材を打診した私に返された答えは、「対応しません」の一言。かの検事自身は電話口に出ず、取材拒否の意志を伝言で返してきた。

これまで掘り起こしてきた数々の未発表不祥事とは異なり、このよく知られた不祥事は裁判所にはっきり「違法」と断罪されている。にもかかわらず、それを正面から受け止めて不正の責任を認める人は、北海道警察という組織の中に1人もいなかった。ナバショーラフさんの再審は僅か1度の審理で幕を閉じ、証拠も証人も登場しない法廷であっさり無罪判決が言い渡された。20年ぶりに名誉回復を果たしたその人は、記者会見で「ロシアならば不正があったら警察は謝罪する」と、素直な疑問を述べている。傍らに座る通訳の女性が、その声を簡潔な日本語に変換して伝え続けた。

「私の裁判は、ふた言で終わってしまいました。『無罪である』『それは、有罪の証拠がないからである』と」


証拠はある。たとえば拳銃。証人もいる。たとえば稲葉さん。だが裁判所はそれらの一切を俎上に載せず、ただ「証拠がないから無罪」とした。判決言い渡し後、弁護団の1人が苦々しげに呟いている。

「証拠を調べてしまうと、ではなぜ無罪なのかという理由を言わなくてはならなくなる。裁判所はそれを避け、警察の捜査の違法性を不問に付したわけです」

『北方ジャーナル』で再審無罪の結果を報じる原稿の締め切り当日、道警本部は記者クラブ向けのコメントを発表、私の耳にも間接的にその文言が届いた。


無罪判決を真摯に受け止め、今後の捜査に活かして参りたい。


大手の記者から伝え聞いたそれが間違いなく道警の談話かどうか、直接確認しなくてはならない。締め切り直前の夕方、札幌地検に赴いていた私はその足で道警本部へ走り、広報の担当者を呼び出して文言を読み上げげた。用字や句読点の位置も示した。

「今日付でこういうコメントを出した。間違いないですか」

「はい、はい。間違いありません」

もとより意味のあるコメントとは思えない。だが、確認しないわけにはいかない。残り時間を気にしながら早足で庁舎を出ようとすると、担当者の声に足を止められた。

「あの、これはどなたから聞いたんですか」

耳を疑い、思わず顔を上げる。「本気でそんなこと訊くのか」の一言を咽喉の奥で辛うじて呑み込み、「蛇の道は蛇ですから」と笑顔を返してその場を後にした。

◆「おれたちはノルマなんかやめよう」

「あれですよ、昔の『稲葉事件』のころとおんなじですよ。なんも変わってない」

札幌拘置支所の面会室で胡麻塩頭を左右に揺らしながら苦笑したのは、北海道警の捜査協力者だった男性（51）＝当時。本業は、覚醒剤密売の仲介人だ。コンビを組む若い刑事とともに逮捕され、実刑判決を受けたばかりだった。

かつて稲葉圭昭さんが在籍していた北海道警の銃器対策課は現在、薬物銃器対策課と名を変え、覚醒剤などの薬物事件をおもに捜査する部署になっている。そこで「薬銃のエース」と言われた警部補（38）＝当時＝が逮捕されたのは、2016年6月のことだった。同年7月に決まった懲戒免職処分を伝える『懲戒処分一覧』には、不祥事の内容がひときわ簡潔に記録されている。

証拠偽造等事案
証拠を偽造するなどした

「証拠偽造」とは、捜査協力者である密売仲介人の供述調書を捏造したことをいう。元警部補は覚醒剤使用者を検挙するため、協力者が仲介した売買の様子を調書にまとめ、薬物を買った客がそれを「使用」する状況を紙の上に再現した。しかし実際は、仲介人は文字通り「仲介」するだけで、売買には立ち会わない。使用の現場を目の当たりにすることもない。つまり、調書に記録された覚醒剤使用の場面は架空のものだった。

やはり、積極的に発表された事件。「証拠偽造」は、確かに罪だろう。「でも」と私は腕を組む。4色ペンを弾きながら、しつこく、しつこくこだわってきた件を蒸し返す。

それはひき逃げよりも悪いのか？

拘置所を訪ねて覚醒剤密売仲介人に、つまり元警部補の「S」に会おうと思ったのは、事件の意味を知りたかったためだ。まず、そもそも「密売仲介」というのは、犯罪ではないのか。その仲介者を捜査協力者にするとは、どういうことなのか。素朴な疑問に、透明な仕切り板の向こうから丁寧な答えが返ってきた。それは、素人の私にもわかりやすい説明だった。

「覚醒剤を知ってる人間を協力者にしないと、警察は捜査にならないでしょ。その協力者パクったら、誰も協力しなくなるでしょ。だから普段はおれみたいな仲介人や売人は捕まえないで、末端の使用者ばっかりやってる。売人パクれば事件を防げるのに、それやっちゃったら薬銃（薬物銃器対策課）なんて要らなくなるから。とにかく末端ばっかり捕まえて、それでノルマをクリアして」

また「ノルマ」だ。もはや私は驚かない。今回も道警は否定するだろうが、間違いなく警察の捜査にノルマはあるのだ。

では肝心の「文書偽造」についてはどうか。やはりそれは、未発表のひき逃げよりも悪いことなのか。当事者をクビにし、逮捕して顔と名前を晒すに値する罪なのか。

この疑問に率直な意見を返してきたのは、薬物捜査の現場を知る捜査員だった。

「あれで処分されてたらシャブの捜査なんかできませんよ。しかもあの件では、『偽造』された調書で容疑者を逮捕できてるじゃないですか。絶対おかしい。おかしいというより、憤りさえ感じますね」

「偽造」調書が容疑者逮捕に繋がった――。

そう語る声の主は、免職になった元警部補をよく知る現職警察官。「エース刑事」の後輩として同じ職場に在籍したことがあるというその人は、警察官舎の玄関先で怒りをあらわにした。

事件が気になり始めたころから、私は折に触れて各地の警察官舎を訪ねていた。戸建てやマンションなどではなく、官舎に住むような若手の警察官に接触したかったためだ。とはいえ元警部補の同僚や後輩がその後どこに異動したのかなど皆目わからず、それは文字通り雲を掴むような話だった。それでも時折「自分らも詳しいことを知りたいので、頑張って取材してください」と、効率よく官舎を回れるルートを教えてくれる若手警察官に出会えることもあった。

北海道内には60カ所以上の警察署があり、各地に建つ官舎の数はそれをはるかに上回って400軒を軽く超える。ほとんどすべての共同玄関に「関係者以外立入禁止」の紙が掲示されており、それを無視して官舎内の一戸一戸で呼び鈴を鳴らし続ける作業は、住居侵入の現行犯で通報される危険と隣り合わせではあった。実際に通報する住人などまずいないとわかっていても、気の小さい私は手に脂汗を浮かべ、膝を震わせてしまう。

「ドア閉めて、小さい声で喋ってください」

そう言われたのは、何軒めかに訪ねた官舎で、何戸めかの呼び鈴を押し、何度めかの問いを向けた時だった。元警部補の後輩にあたるというその人は、雑誌記者の名刺を持っていきなり現われた不審者を自室の玄関に招き入れ、事件への「憤り」を口にしたのだ。

「あの人はものすごく優秀だった。署の『目標』クリアに貢献して上から一目置かれていたし、うちら若手も彼を慕ってました。後輩の楯になって上司に意見してくれることもあった。今回の件を『偽造』って言うんなら、薬銃はみんな偽造してることになりますよ。彼だけがやられるのはおかしい。絶対何か、やっかみみたいなものがあったんだと思う」

元警部補が「偽造」した薬物密売仲介人の供述調書は、容疑者の家宅捜索に繋がった。家宅捜索には裁判所の許可が必要で、調書は裁判官に「捜索差押許可状」（ガサ状）を出して貰うための物だった。「入りガサ調書」と呼ばれるそれによって捜査が進展し、容疑者逮捕が実現したわけだ。そして、逮捕の手柄を立てたのは元警部補自身ではなく、別の署の警察官だった。具体的には、元警部補の先輩にあたる人物だった。その先輩が「ノルマ」に追われるあまり「早くして欲しい」と元警部補に催促していたことも、のちにあきらかになった。

つまり、結果的に「偽造」で捕まった元警部補は、先輩へのお膳立てをしただけ、ということになる。他人の汗で手柄を立てた先輩には、何の罰も与えられなかった。

多くの記者が、渦中の元警部補に接触したいと考えている筈だった。これほどの事件になると、大手メディアもさすがに「捜査側ではないほうの言い分」を伝えたくなるのだろうか。しかし各社の何人かに首尾を尋ねると、どこも苦戦しているようだった。

誰よりも先に彼の言い分をじっくり聞くことができた記者は、ほかならぬ私だった。もはや説明するまでもない。「手紙」だ。A4判紙1枚のごくシンプルな手紙を添えて雑誌を送ると、元警部補の家族からメールが届いた。事件のあれこれを耳打ちしてくれた大手の何人かに成果を報告すると、うち1人が「インタビューの際は同席したい」と手を挙げた。情報の独占にさほど興味がない私は二つ返事でOKし、その新聞記者とともに元警部補の家族に声をかけた。2枚の名刺を受け取ったその人の表情は、あきらかに「言いたいことはたくさんある」と語っていた。

家族ならぬ本人と初めて顔を合わせたのは、「文書偽造」事件の裁判が結審した日の夕刻。法廷で検察官に「身勝手で短絡的」と評され、懲役2年を求刑された時、彼は黙って目を閉じ、拳を握り締めていた。その時と同じスーツ姿で札幌市内の喫茶店に現われた元エース刑事は、法廷で見せた硬い表情を裁判所に置き忘れ、憑き物が取れたような笑顔で2人の記者の問いに答え続けた。細身の体に、引き締まった顔立ち。笑うと細くなる目で、軽い冗談を交えて語り続ける。こちらから訊く前に、自ら「人と話すのが好きで」と明かし、職場の外に友人が多いことを少し誇らしげに話すのだった。

その日以来、2カ月半にわたって断続的にインタビューを重ねた。ホテルのロビー、喫茶店、ファミリーレストラン、郊外の居酒屋……。かの新聞記者が同席できず、私と元警部補のサシの対話になった日もある。拘置所の面会室で会った薬物密売仲介人と同じく、元エース刑事もたびたび「稲葉事件」を引き合いに出した。「ノルマ」の存在も、呆気なく認めた。

『薬物事犯取締努力目標』というのが、毎年決められます。札幌中央とかの大きな署は、犯罪が多くて数字もそこそこ上がるからいいですよ。ところが本部は、薬物使用者がいるとはとても思えない田舎の署にも目標を割り振っている。普通に考えれば達成できるわけないんですよ。当時の仲間たちとは折に触れて『改革』を語り合い、『おれたちの時代になったらノルマなんかやめよう、本当に悪い奴を取り締まろう』って話してました。自転車に乗ってる人への職務質問にもノルマがあるのは、ほんとに問題だと思います。それで気の弱そうなお年寄りに声かけまくったりとか、いったい何の意味があるのか。……しかしそういう疑問は、上にとっては疎ましいものだったんでしょう。彼らは、刑事1人を辞めさせることなんか簡単にできてしまう」

ノルマ達成が難しい署に、管内のほかの署が数字を融通することは頻繁にあったという。元警部補自身、たびたび管内の目標達成に協力していた。「ドM」を自認する彼にとっては、それほど苦ではなかったという。頼られると断れない性格らしかった。

各地の警察署に勤めていた時は、それでよかった。2014年に異動した警察本部の薬物銃器対策課は、事情が違った。署の空気とはまるで異なり、活気に欠ける職場。平日の日中に仕事を投げ出してパークゴルフに出かける上司もおり、その遊びに部下を巻き込むことさえあったという。困った後輩から相談を受けた元警部補がやんわりと上司を諫めると、陰で「あいつは若い者を束ねようとしている」と邪推された。

「警察署の雰囲気は、すごくよかった。手柄を競い合ってギスギスしてるようなところがなく、『みんなでやろうぜ』みたいな一体感。上司も、『おれが責任取るから行ってこい』っていう、理想的なリーダーでした。……それにひきかえ警察本部では、若手が上に積極的に提案することなんて憚られるような雰囲気です。違う部署同士が互いに課長の陰口を言い合ったりとか、イヤな感じでした」

異動翌年の春、「捜査協力者の後輩」を名乗る人物が突然現われ、身に憶えのない情報漏洩を咎められた。同じころ職場の外の友人が貸金業法違反などで逮捕され、家宅捜索の成果が少なかったことから、逮捕情報を漏らしたと疑われた。さらに、また別の事件で捕まった容疑者が「あの警部補から情報を貰った」と嘘の供述をし、指導官の聴取を受けることになった。「絶対にあり得ない。自分と容疑者のどっちを信用するんですか」と問うと、相手は答えたという。「フィフティフィフティだ」。

「それを聞いた時、事情はわからないけど『とにかく何かで処分したいんだな』と思いました。結局はすべて事実無根だったんですが、その後も次から次へといろんな疑いをかけられた。若手は上から『何でもいいからあいつのネタないか』と訊かれまくってたそうです。取り調べのようなことが続き、携帯電話は何度も没収されました。仕事をサボる上司の誘いに困った後輩からのＬＩＮＥも、全部見られたでしょう。上としては面白くないやり取りが残ってたので、それを見た彼らの気分は想像できます」

そう話し、静かに笑う元エース刑事。若手に慕われていたらしい彼の電話は、インタビュー中に何度も着信音を響かせた。電話を手に中座した彼が、戻りしな「『日本で二番めぐらいに悪い奴』って言われましたよ」と笑って報告してきたこともある。私が会った若い警察官が「連絡をとってよいかどうか迷っている」と声を沈ませていたことを告げると、すぐに彼のほうからその人に電話を入れたらしく、数日経ってから私のもとに「連絡とれました！」と報告するメールが届いた。

警察本部で電話の次に没収されたのは、警察手帳と「拳銃カード」。それは免職の日までついに戻ってこなかった。自宅待機や閑職への異動などを命じられ、暗に辞職を促されても懸命に抵抗し続けたが、職場は容赦なかった。外出禁止や会話禁止などを言い渡され、体重が激減、翌年早々には尿管結石で救急搬送された。

２０１６年６月、逮捕。その３週間前から任意の事情聴取が続いていたという。逮捕当日の朝、マスコミ関係者と思しい人物が自宅近くのごみ捨て場に張り込んでいた。そういう逮捕情報の漏洩は、不祥事にはならないようだ。

「容疑を聞いて、呆気にとられました。『調書偽造』といっても存在しない事件をでっち上げたわけではないし、もっとエグい『偽造』をやってる先輩の話もよく聞いてましたから。……やったことは事実なので、裁判でも認めています。ただ、唐突にぼくだけが罪に問われたことには今も疑問がある。組織のために身を削ってきた結果がこれか、という思いは拭えません」

「偽造」調書で手柄を立てた先輩は罪に問われず、クビになったエースの上司たちは揃って出世した。退職した指導官は再任用で札幌市内の署の刑事・生活安全官に、課長は空知地方の警察署長に、課長補佐は機動捜査隊の班長に。

捜査協力者の薬物密売仲介人は、拘置所でこう語っていた。

「奴の上司たち、裁判に出てきた調書で互いに庇い合ってたよね。いいことばっかり言って、『なに言ってんだ』と思ったよ。あの刑事とはいい関係だったけど、もういいわ。もうサツとは一切かかわりたくないですね」

冤罪が疑われる強制わいせつ事件と同様、その「文書偽造」事件はもう、地元でほとんど話題に上ることがない。密売仲介人の男性は懲役2年の刑が確定、受刑者となった。執行猶予判決を受けた元刑事は再就職を果たし、今も家族とともに札幌市内に住んでいる。私と一緒に彼の話に耳を傾け続けた男は、この半年ほど後に突然、勤め先を退職、記者を辞めて北海道を離れた。

私は相変わらず札幌でライターを続け、地元の警察本部にたびたび足を運んでは未発表不祥事の記事を書いている。

終章
その不祥事は、誰も知らない

「おれ、亡くなる1週間ぐらい前に話してたんだよね、『今度ごはん食べに行こうね』って」

その人からの電話が鳴ったのは、ホームレス支援・眞鍋千賀子さんの訃報が届いた3日後の夜だった。

実名は伏せ、仮に「牧田さん」としておく。彼は、元ホームレスにして元警察官という特異な経歴の持ち主だ。知り合ったのは、もう15年以上も前になる。そのころはまだ、彼は路上で寝起きしていた。いつも酒を飲み、たいていは泥酔していた。

夏の日の昼間、札幌中心部の大通公園で何人かのホームレスが酒盛りをしているところに出くわし、何度かそれに加わったことがある。牧田さんはいつもすでに酔っ払っていて、カップ酒をヤクルトのようにぐいぐい飲み続けていた。酔っても路上の先輩たちに対して礼を失することはなく、飲みっぷりをからかわれてもとくに何も言い返さない。リーダー格の老男性が「マキ、これでオマワリだったっていうんだからな」と笑うのを聞いた時、最初はただの冗談だと思っていたが、のちに警察官という前職が事実だったことを確認できた。浴びるように飲んだ挙げ句に公園の芝で大の字になり、宴会が解散した後もしばらく起き上がらず、ひとり口から泡を吹いて炎天下でいびきをかき続ける。その姿を容赦なく何枚も撮影しながら、私は彼が事件の捜査をしている姿をまったく想像できず、ずっと混乱し続けていた。

道警本部の生活安全部を辞めた理由を、牧田さんは今も詳しく語らない。しつこく尋ね続ける私に、何度か「守秘義務違反で懲戒になった」と明かしたことがあるが、その程度だ。退職後、離婚して家を手放し、日雇いの現場仕事を始めた。職場の寮で同居人に騙され、詐欺の被害を受けた。仕事を失い、ホームレス生活が始まった。

支援団体が企画する炊き出しの会場でも、彼は常に酔っ払っていた。悪い酒ではないため、眞鍋さんやボランティアの学生たちによく慕われ、呂律の怪しい声でさして面白くもない冗談を飛ばし続ける。私がカメラのレンズを向けると、赤い顔を皺だらけにして「プライバシーの侵害だなあ」と抗議するのだった。

だがその夜、久しぶりの電話で聞いた声はあきらかにシラフだった。牧田さんは、その何年か前に酒をぴたりとやめたのだ。

「そうだ。おれ引っ越したんですよ。おんなじアパートなんだけど、前の部屋より倍ぐらい広いのさ。1人だから運動会も大変だって」

恩人の死を悼む声から一転、陽気な報告に登場する「運動会」の意味がよくわからなかったが、尋ねるのが面倒なので「そのうち遊びに行きます」と適当に答えておいた。彼が路上生活を脱してから、もうどれぐらい経ったろうか。

まだ路上生活だったころ、牧田さんは母親の訃報に接した。それからほどなくして札幌市に生活保護を申請、まったく突然にホームレスをやめ、アパート暮らしを始める。やがてビル清掃の仕事をみつけ、市内の現場に通い始めた。さほど時間を経ずに何人かのチームのリーダーとなり、別の地区の現場も任されるようになった。1年もしないうちに現場はさらに増え、トリプルワークの日々が始まる。月々の収入だけで衣食住を賄えるようになり、自ら生活保護を辞退した。そのころにはもう、「あいつ酒やめたらしい」という噂が私の耳に入って来ていた。

初夏のある日、居酒屋に誘った。待ち合わせ場所にやってきた人の姿に、私は目を見張った。公園で我を失って泡を吹いていたオッサンは、そこにはいない。贅肉がとれた精悍な顔は、アルコールとは違う理由で赤く焼けている。鼻の頭に汗の粒が光っていた。

「歩いて現場に通ってるもんだから、日焼けしてしまって」

口を半開きにしてその報告を聞きながら、ありふれたチェーン店の暖簾をくぐる。席に着くなり私が生ビールを注文すると、牧田さんはニヤニヤしながら「おれ烏龍茶」と店員に告げた。

それから10回ぐらいは繰り返しただろうか。なんで酒やめたんですか、何があったんですか――。やがて辟易したらしい牧田さんは、やや上目使いになり「絶対に笑うなよ」と口を開いた。

「わかりません、笑うかもしれない」

「じゃあやめた」

「それはないでしょ、ここまで来て」

「いや、言ったら笑われるから」

押し問答の末、観念した彼が口にしたのは「おふくろが夢枕に立った」との告白。私の咽喉から、素っ頓狂な声が出た。

「はっ?」

意に介さず、牧田さんは続けた。

「おふくろが夢に出てきて、『あんたまだ飲んでるのかい』って怒ってきたんだわ。それ聞いて、やめることにした。次の日から一滴も飲んでない」

約束を破り、即座に笑うつもりだった。だが、笑えなかった。

それから1時間ばかり、私は今までにないペースでハイボールを注文し続けた。目の前でザンギを頬張る1回り歳上の友を「うまい！ 酒はうまい！」と挑発し続けた。そんなものに乗る人ではないことはわかっていたが、そうせずにはいられなかった。これは祝杯だ。「飲めなくなったら人生の楽しみがなくなるな！」「この一杯のために生きてるな！」。何を言っても彼の表情は変わらず、烏龍茶を傾けながら「ごはん頼んでいい？」などと訊いてくる。私にとっては、それまでで一番うまい酒になった。

その翌朝の絵に描いたような頭痛を思い出しながら、夜の電話で引っ越しの報告を聞いた時も、私は少し飲んでいた。牧田さんは、気にしていないようだ。

「仕事あるけど、電話くれたら時間合わせるから」

「わかりました、連絡します」

だがそのやり取り以来、私はしばらくその部屋を訪ねる時間を作れずにいた。4リットルの焼酎を持参し、シラフの彼を前にして酔い潰れてやる計画は、年を跨いで延期に延期を重ねた。そして、その年の春。

電話が鳴った。

「おれさ、またさ、また、保護、保護になったんだわ」

アルコールの匂いが立ち上ってくるような声。何カ月ぶりの連絡だったのか思い出せないまま、直球で尋ねていた。

「牧田さん、飲んでるんですか」

「飲んでーるよー」

全身の関節が外れそうになった。

聞けば、ビル清掃の職場でトラブルがあり、あらぬ責任を問われた牧田さんはあっさり職を辞したのだという。すぐに生活費にこと欠くようになり、再び役所に生活保護を申請した。飲酒も再開し、昼間から飲む日々となった。

言葉が出なかった。電話口では、昔の牧田さんに戻った声が独り語りを続けている。

私は今も、警察官だった彼の懲戒処分を詳しく知らない。だが、いずれ聞く必要はあると思っている。

30年ほど前の新聞記事にたまたまその名をみつけたのは、ごく最近のことだ。巡査長時代の牧田さんは、賭博で逮捕された女性が長いこと実母と生き別れになっているのを知り、その女性が執行猶予判決を受けた後、独自に母親捜しを始めたという。記事は、それを知った記者が書いた短いコラムだった。僅か1週間の調査で母親の居所を突き止めた牧田さんが、まもなく実現する親子の再会を心待ちにしている場面で筆が措かれいる。コラムに署名はなく、書いた記者がその後の牧田さんの紆余曲折を知っているかどうかは定かでない。

彼が警察を辞めたのは、彼だけに原因があったのか。私は知りたい。当時の『懲戒処分一覧』などの保存期限はとうに過ぎており、公文書開示請求はできなくなった。彼に直接、訊くしかなくなった。いつそれを実行することになるのか、私自身にもわからない。わからないが、いつか訊かなくてはならない。

その時が来たら、併せて尋ねてみたいと思っている。

「警察は、なぜ不祥事を隠すんですか」

答えを得るまでに消費されるビールとハイボールが何リットルに達していようと、胃に納まるザンギが何百グラムに上っていようと、鼓膜に全神経を集中して返事を待とうと思っている。

あとがき

リーダーズノート出版の木村浩一郎さんに単行本のお話を頂戴してから、原稿を書き終えるまでに1年近くの時間を要しました。ただただ、私の筆が遅かったためです。まことに申しわけありませんでした。この本が店頭に並ぶころには、北海道警は２０１７年の『視閲式』を終えている筈です（9月6日午前、札幌市東区）。これを書いている段階ではまだ、それがどういう式になるのかわかりませんが、おそらく序章に再現した前年のそれとほとんど変わらないプログラムで進められることになるでしょう。当日はもちろん、会場に足を運ぶつもりです。

解説の執筆を快く引き受けてくださったジャーナリストの清水潔さん、ありがとうございました。２０１６年の初夏に札幌で初めてお会いした際、地方の無名ライターがネチネチ続けている取材とも道楽ともつかない取り組みを「それは『取材』だよ」と評価してくださったことで、以後も迷わずネチネチを継続することができています。同時期にお会いした作家の青木俊さんには、折に触れて「ビールの誘惑に負けるな」と叱咤いただきました。遅れに遅れた原稿がどうにかこうにか形になったのは、悪魔の誘いを見透かしたような不意の監視メールのお蔭です。

原田宏二さんや稲葉圭昭さんはもちろんのこと、ここにお名前を記すことができない現職・元職の警察官の皆さんにはひときわお世話になりました。地方雑誌の影響力などタカが知れているところ、貴重なお時間を割いてご協力いただき、恐縮しております。

私に力を貸したところで何の利益にもならない筈の「記者クラブ」加盟社の酔狂な記者諸姉兄にも、この場を借りて御礼申し上げます。雑誌連載を単行本に再構成したいとの相談に「いいんじゃなーい」と軽く許可をくれた『北方ジャーナル』の「トンガリ編集長」こと工藤年泰さんにも、軽く感謝しておきます。本文中でたびたび私を叱りつける悪役めいた「カミさん」小笠原薫さんは、本当はいい人です。誤解を招きかねない描写の数々、伏してお詫び申し上げます。

本書の原稿の脱稿間際、いわゆる共謀罪法案が施行されました。今後もしも、私が何か調子に乗り過ぎて微罪や別件で司直の世話になるようなことがあったら、自動的に皆さんの「共謀」が疑われることになりますので、それだけ覚悟しておいていただきたく、あらかじめお願い申し上げておきます。

北海道警への公文書開示請求は、現在進行形で続けております。雑誌連載中には、静岡県警へ同旨の請求をした結果が当地の『朝日新聞』で記事になったことが伝えられました。ほかの都府県にもこの動きが拡がらないものかと、このごろはそればかり考えております。もとより開示請求は誰にでもできるからです。1県に1人、それを続ける奇特な人がいればよろしい。少なくとも地方版の新聞記事になるような事実が、少しの手間と数百円の費用で引っ張り出せるのです。新聞やテレビに所属していない記者でも、地味な話題をネチネチ追い続ければそれなりの情報が入ってくるのです。

地元・北海道では今も、警察職員だけが懲戒処分の全件公表を免れています。懲戒に至らない監督上の措置も、文書開示を求めない限りあきらかになりません。一方で、積極的に発表された不祥事の多くは相変わらず1人の悪い警察官の問題として片づけられています。本文で触れたように、その中には冤罪が疑われるケースさえあります。この状況が改まらない限り、私のネチネチも終わることがないでしょう。

この本がいささかでも売れてくれたら、その売り上げでさらなる取材費を確保できるというものです。それが取材に使われず「裏金」としてビールと唐揚げに消えるようなことは断じてありません。と、思います。

２０１７年８月、サッポロクラシックを傾けてザンギを頬張りつつ。

著者　小笠原　淳

発刊に寄せて

ジャーナリスト　清水　潔

発刊に寄せて

ジャーナリスト　清水　潔

冬は長靴で凍てつく大地を踏みつけ、夏は自転車にまたがり札幌市内を急ぐ。夜な夜な出現する先は、煙たなびくジンギスカン店や焼き鳥屋。無口でハイボールのジョッキを傾けては、今時めずらしい缶入りピースを引き抜く。どうやら健康という概念は持ち合わせていないらしい……。

小笠原淳という男。

北海道警察を相手取って次々と公文書を開示させ、記事を書き続けているフリーライターである。記者クラブに所属するマスコミの記者たちが、なかなか報じない警察官の不祥事や違法行為を調べては地元の雑誌に寄稿する。そんな小笠原の存在を知ったのはTwitterである。

事件現場を訪ね、所轄署に立ち寄り、取材拒否されて、時に牛と語らう。

プロフィール写真を見れば、それは事務所で撮られた写真であろうか、やさぐれた感じの男が右手にペンを持ったまま居眠りをしていた。自己紹介には「およそどうでもよいフリーライター」とある。

面白そうなので札幌に行った際に連絡を取ったのが最初の出会いだ。
以後、「時代を撃つ北の報道・評論誌」と表紙に掲げられた『北方ジャーナル』という雑誌が私の元に届くようになり、取材成果に目を通すようになった。
彼は、毎月トップ記事を書いていた。
例えば、２０１７年の２月号では警察官の破廉恥な事件を報じている。
〈〃余罪〃続々　懲戒事案〉〈まだあった、道警不祥事記録〉とタイトルを打ち、15年の警察内部の処分記録を明らかにした。
《部外の異性に対し、不安感を与えるメールを送信するなどした》……加えて、未成年とみられる女性に裸の写真を撮らせ、メール送信させた。１月28日処分【戒告】〉
《酒気を帯びた状態で私有車両を運転するなどした》……その直前まで深酒、コンビニエンスストア内で寝込み、警察手帳と捜査資料を置き忘れていた。５月20日処分【減給】〉
《部内異性方に侵入するなどした》……のみならず、〃警察署の当直室内で〃肉体関係を結んだ。９月16日処分【減給】〉
《異性と不適切な交際をするなどした》……一般女性の少なくとも４人と不倫し、１人に対して強姦の疑いが指摘された。さらに消費者金融から１３０万円の借金をした。12月16日処分【戒告】〉
警察官の不祥事など今時珍しくも無いのだが、それでも当直室で肉体関係、四人と不倫とは驚かされる。そもそも強姦、酒気帯び運転などは刑事事件なのだが、その処分の軽さにも呆れざるを得ない。

そして何より重大な事は、これらの事実が隠されていたことである。本書で描かれているような小笠原のねちっこい取材が無ければ、そのまま闇の中に封印されていたはずだ。

では、なぜこれらの案件が大手メディアでは報じられなかったのか。それにはいくつかの〝仕掛け〟があるのだが、その最たる物は「警察の不祥事は記者クラブでは広報されない」という絶対条件の存在であろう。組織防衛になると警察は水も漏らさぬ情報管理をするのだ。

なので、積極的に広報されるのは大抵はその逆パターンとなる。

発表するのは「事件解決につながりそうな場合」などが多い。例えば防犯カメラに映った容疑者の映像や特徴などだ。マスコミに取り上げられることで市民からの情報提供に期待が持てる場合だ。

あるいは「見事解決お手柄話」とか。これらの場合は報じてもらうためにあれこれ努力もする。

「下着泥棒逮捕!」という広報案件なら、警察の道場などに押収したカラフルな下着をずらりと並べ、テレビカメラに映像を撮らせるというお馴染みのスタイルだ。ご丁寧にも背景には「〇〇署窃盗事件押収品」などと墨書きした文字まで貼られていたりする。

しかしまあ、こんなモノはかわいい話で、深刻なのは先の案件のように、警察内部で起きた不都合な事実や犯罪の隠蔽である。小笠原が一人切り込んでいるのがまさにここだ。

私自身も過去の取材において「隠蔽」された資料に翻弄されたケースも多い。

1990年、栃木県足利市で幼女が誘拐され、殺害された「足利事件」。犯人として無期懲役刑を受けていた男性は、17年間刑務所に幽閉されていた。

この事件の取材を一からやり直した結果、ＤＮＡ鑑定などの証拠に疑問が浮上。結果、再審で冤罪だったことが明らかとなり男性は無罪となった。

だが……、実は無罪の可能性を示唆する捜査資料は逮捕当時から存在していたのである。男性は「自転車の荷台に幼女を乗せて誘拐した」と無理矢理に自供させられていたのだが、事件当日に現場付近で目撃されていたのは「幼女と手をつないで歩いていた男」だった。自供と矛盾するこの目撃証言は、正式な調書や実況見分書にもなっていたのだが、一審裁判では警察により隠されていたのである。

福岡県で起きた幼女殺人の「飯塚事件」も冤罪の可能性が指摘されている。

この事件はすでに死刑が執行されてしまっているのだが、その証拠にはいくつもの疑惑が浮上。〝死後再審〟請求が起こされている。この取材において「死刑執行命令書」などいくつかの書類を開示請求したところ、長期間待たされた。その後、ようやく公開されたのは、真っ黒に墨塗りされた、いわゆる「のり弁」状態だった。厳正かつ正当な理由で、国家が国民に死を命じたはずなのに、執行後は国民に事実関係すら隠すという、この行為のどこに民主主義が存在しているのだろうか。これでは「お上」のご都合主義と言われても仕方ない。

しかしだ、隠されれば隠される程に事実を知りたくなるのが、ジャーナリストというものであろう。小笠原の執念とも言える取材も記事も、動機と言えばどうやらこのあたりではなかろうか。もっともそれは警察に対する、恨み辛みのようなものではない。彼らに真の正義を期待しているからこそ発せられるものだと、私は思う。

本書には、小学生だった小笠原の目を通して見た警察官の姿も記されている。

自宅に入った泥棒の捜査に来た警察官たちは、丁寧に指紋や足跡を辿り、眠むそうな顔をしていた小笠原少年に優しい言葉をかけた。そしてまた、連続強盗犯を逮捕しようとし殉職してしまった警察官の話。あるいはホームレスに弁当を買い与え、金まで貸した元鉄道警察隊員を探し出しては取材をしている。そんな警察官の崇高な姿を思うたびに、小笠原は「これが警察かと思った」と繰り返す。これこそが彼の警察官に対する思いで無くていったい何なのか？

淡々と取材経過を書き綴っている本書だが、氏が沸騰する場面がある。それは、日頃の警察が行っている広報活動と、警察職員が関わった事件や処分についての広報の〝落差〟について触れた部分だ。ある日、彼の手元に届いた道警監察官室からの『理由説明書』（情報開示について）にはこう記載されていた。

〈被処分者たる警察職員の氏名が明らかになると、規律等に違反して処分を受けた当事者として社会に潜む悪意者の標的となる危険性が高く、さらに当該個人が識別されることにより、本人のみならずその家族までもが嫌がらせや誹謗中傷等を受けるなど、個人の私生活の平穏が脅かされるおそれがあると認められる〉（本書Ｐ１３２）

いつものようにハイボール漬けで帰宅し、その文面を目にした小笠原は、脳内でアルコールを揮発させ、怒りをぶつけている。

『社会に潜む悪意者』は『報道メモ』経由で新聞・テレビから発信された多くの事件の容疑者や被害者を『標的』にしないのか。彼らやその家族には『嫌がらせや誹謗中傷等』をしないのか。警察官とその家族はそれ以外の北海道民よりも悪意や嫌がらせや誹謗中傷の標的になりやすく、だから名前や職場をしっかり隠して保護しなくてはならない、それ以外の道民は保護せず新聞・テレビで晒し者にしてもよい、『通常他人に知られたくない』情報を広く知られてもよく、『私生活の平穏』が脅かされてもかまわない、そういうことか」

ジャーナリストが動き続けられる燃料の一つには「怒り」がある。

弱者に向ける想いや、社会の不条理、不平等、不公平といったものに対する怒りだ。おかしい、なぜ隠す、こんなことが許されるのか。小笠原の脳にはいつもそれが渦巻いているのではないか。だからこそだ、強い権力組織によって都合よく隠された「それ」をなんとか明るい場所に引っ張り出そうとして、彼は藻掻《もが》く。警察本部に何度でも通い、大量の申請書類を書き、あるいは切手を貼り続ける。自身が病に侵されつつも能天気な危機管理で、唐揚げやめしを胃袋に詰め込み、ハイボールをあおっては、メガネを外した顔を墨塗りにされた紙にこすりつけ、少しでも何か見えないかと藻掻くのだ。

「今どき、こんな記者がいたのか?」

この言葉は「桶川ストーカー殺人事件」の取材で警察より先に犯人を特定した私に対して、某有名テレビキャスターが発した言葉である。

今、小笠原に対して私はこの言葉をそのまま贈りたいと思う。

清水　潔（しみず・きよし）
１９５８（昭和33）年、東京都生れ。ジャーナリスト。新潮社「FOCUS」編集部を経て、日本テレビ報道局記者・解説委員。２０１４（平成26）年、『殺人犯はそこにいる――隠蔽された北関東連続幼女誘拐殺人事件』で新潮ドキュメント賞、日本推理作家協会賞（評論その他の部門）を受賞。同書は２０１６年に「文庫Ｘ」としても話題になる。著書に『桶川ストーカー殺人事件――遺言』（新潮文庫）、『騙されてたまるか――調査報道の裏側』（新潮新書）、『「南京事件」を調査せよ』（文藝春秋）がある。

小笠原 淳（おがさわら・じゅん）
1968年11月、小樽市生まれ、札幌市在住のライター。旧『北海タイムス』の復刊運動で1999年に創刊され2009年に休刊した日刊『札幌タイムス』記者を経て、現在、月刊『北方ジャーナル』を中心に執筆。『札幌タイムス』では、様々な職人にインタビューを行った『平成の仕事人』、札幌のホームレス事情をレポートした『宿なき隣人』など多数を取材執筆。また『北方ジャーナル』では、裁判所の手荷物検査の是非を追及した『「開かれた司法」が閉じ始めた』、ホームレス問題を取り上げた『貧しき亜寒帯　極北の貧困』、『道警不祥事から考える』など多くの連載を取材執筆した。同誌連載の「記者クラブ問題検証」記事で2013年、自由報道協会ローカルメディア賞受賞。「札幌北署管内連続ガスボンベ破裂事件」や「南幌町家族殺人事件」、「北海道新聞函館支社セクハラ・不審死疑惑」、「累犯高齢・障碍者問題」など、北海道内における重大事件や深刻な社会問題の取材記事に定評がある。
（ツイッターアカウント @ogasawarajun）

見えない不祥事

北海道の警察官は、ひき逃げしてもクビにならない

2017年9月30日　初版第1刷発行
2017年10月15日　第2刷発行

著　者　小笠原 淳
発行人　木村 浩一郎
発行・発売　リーダーズノート出版
〒114-0014　東京都北区田端6-4-18
電話：03-5815-5428　FAX：03-6730-6135
http://www.leadersnote.com

装　幀　大坪 佳正
印刷所　株式会社平河工業社

ISBN 978-4-903722-73-3　C0031